Das Weltreise-Handbuch

Ines Müller

Das
Weltreise-Handbuch

Der ultimative Ratgeber
zur Planung und Vorbereitung einer Reise um die Welt

Über die Autorin:

Ines Müller zog 1994 nach London, England und entdeckte dort ihre Leidenschaft fürs Reisen. Nach einer Weltreise und einem Overland-Trip durch Afrika arbeitete sie für mehrere Jahre bei STA Travel und plante dort die Weltreisen anderer junger Menschen. Die Zeit bei STA Travel nutzte sie, um weitere Länder zu bereisen. 2005 machte sie eine zweite Weltreise. Seit ihrer Rückkehr lebt sie in Berlin.

Mehr Informationen im Internet: www.weltreise-portal.com

Dank:

Ein besonderer Dank gilt meiner Familie, die mich bei meinen Plänen immer unterstützt hat und all den Menschen, die ich in den vergangen 12 Jahren auf meinen Reisen kennengelernt habe.

Bibliografische Information der Deutschen Bibliothek:

Die Deutsche Bibliothek verzeichnet diese Publikation in der Deutschen Nationalbibliografie; detaillierte Daten sind im Internet über http://dhb.ddb.de aufrufbar.

© 2007 Ines Müller
Herstellung und Verlag: Books on Demand GmbH, Nordstedt
Umschlaggestaltung: Ines Müller

ISBN 978-3-8334-9195-5

Inhalt

Vorwort

Einfach mal abhauen und die Welt entdecken. Einen aktiven Vulkan in Costa Rica besteigen, verlorene Städte in Peru entdecken, Mangos in Australien ernten, faul am Strand in Thailand liegen oder eine Stunde mit den Berggorillas in Afrika verbringen. Wer möchte das nicht?

Jedes Jahr zieht Abenteuerlust Millionen Menschen ins Unbekannte. Viele junge Leute wissen nach bestandenem Abitur oder Studium oft nicht, was sie beruflich machen wollen und nehmen deshalb eine Auszeit. Die Einen sehen eine Weltreise als eine Möglichkeit dem Alltag zu entkommen und ihre Gedanken zu ordnen, die Anderen als eine Herausforderung. Ein Ziel haben alle gemeinsam, die Welt zu entdecken.

Der aufregendste Teil einer Weltreise ist die Planung. Aber viele Menschen, die das erste Mal so eine Reise machen, wissen oft nicht, wo sie beginnen sollen. Zu viele Entscheidungen müssen getroffen werden. Wo soll ich hinfahren? Wie viel Geld brauche ich? Was für eine Versicherung sollte ich wählen? Fragen, die jeden am Anfang einer Weltreiseplanung beschäftigen und die dieses Buch beantworten wird.

Natürlich wird eine Weltreise nicht immer reibungslos verlaufen. Auch auf einer gut geplanten Reise wird es hin und wieder zu Situationen kommen, die frustrierend sind. In Australien von einer Spinne gebissen zu werden, in Guatemala den Sitzplatz im Bus mit zwei einheimischen Frauen und ein paar Hühnern teilen, in China 27 Stunden in einem Zug festsitzen, weil der Regen die Gleise weggespült hat, solche und ähnliche Situationen sind frustrierend, bringen dich Jahre später jedoch zum Lachen. Aber gerade solche Erlebnisse machen eine Weltreise, was sie ist – ein Abenteuer. Also, worauf wartest du? Plane die Reise deines Lebens.

Ines Müller

Planung

Wohin soll die Reise gehen?

Nachdem du die Entscheidung getroffen hast auf Weltreise zu gehen, ist die erste und schwierigste Frage, die du beantworten musst: „Wohin soll ich fahren?" Asien, Australien, Neuseeland, Nordamerika, Südamerika? Vielleicht noch Afrika und Russland? Und was ist mit Indien?

Überlege dir zu aller erst, was du sehen möchtest. Welche Regionen interessieren dich und was für Aktivitäten planst du? Möchtest du tauchen, am Strand liegen, Tiere beobachten, Skifahren oder eine neue Sprache lernen? Sprich mit Freunden und Bekannten, die schon bestimmte Länder bereist haben. Nutze das Internet und lies Bücher, um mehr über die verschiedenen Länder zu erfahren. So bekommst du ein gutes Gefühl für bestimmte Kontinente oder Regionen und kannst besser entscheiden, welche Länder du entdecken möchtest.

Denke daran, dass die Länder in Asien und Südamerika billiger sind, als Nordamerika oder Australien. Deshalb ist es besser die Reise in teureren Ländern, wie den USA oder Kanada, zu beginnen und am Ende der Reise, wenn das Geld knapp wird, die billigeren Länder in Asien oder Südamerika zu bereisen. Wenn es deine erste große Reise ist, versuche deine Weltreise nicht in einem Land zu beginnen, dass schwer zu bereisen ist. Indien, beispielsweise, ist auch für erfahrene Reisende gewöhnungsbedürftig.

Wann soll ich fahren?

Für deine Route gibt es ideale und weniger ideale Reisezeiten. Als ideale Reisezeiten gelten die Monate mit den angenehmsten Temperaturen und Wetterbedingungen. Die Reisezeit hängt aber auch von deinen Interessen ab. Willst du Skifahren, am Strand liegen, Wandern oder Tiere beobachten?

Die idealen Reisezeiten für alle Länder der Erde findest du am Ende dieses Buches. Versuche deine Reiseroute den für dich optimalen Reisezeiten anzupassen. Wenn du für längere Zeit unterwegs bist, ist das nicht immer möglich. Denke daran, dass ein Land auch interessant sein kann, wenn du zu einer ungünstigen Zeit dort bist. So ist es z.B. faszinierend einen Monsun in Indien zu erleben, obwohl Reisen nach Indien in der Regenzeit nicht empfohlen werden.

Round-the-World-Tickets

Ein Round-the-World-Ticket ist ein Ticket, mit dem du für maximal ein Jahr um die Welt fliegen und in verschiedenen Städten halt machen kannst. Es ist eine der preisgünstigsten Methoden die Welt zu sehen. Die Streckenführung und die Anzahl der Stopps können von dir gewählt werden, richten sich aber nach den Bedingungen der verschiedenen Fluggesellschaften.

Round-the-World-Tickets werden von verschiedenen Luftfahrt-Allianzen angeboten. Die zwei bekanntesten Allianzen sind die One World Alliance und die Star Alliance. Beide haben ihre eigenen Round-the-World-Tickets, die dir erlauben, die verschiedenen Partnerfluggesellschaften der jeweiligen Allianz zu nutzen. Außerdem hat Qantas mit British Airways ein sehr preisgünstiges Produkt auf dem Markt.

Vorteile

Round-the-World-Tickets sind in der Regel billiger als Tickets, die einzeln unterwegs gekauft werden. Welche Methode günstiger ist, hängt von verschiedenen Faktoren ab, wie z.B. der Reiseroute, der Verfügbarkeit von Tickets, usw. Es ist also möglich mit einzelnen

Tickets, die unterwegs gekauft werden, Geld zu sparen. Eine Garantie gibt es dafür jedoch nicht. Welche Methode günstiger ist, kann vor Antritt einer Reise nicht gesagt werden.

Du musst kein extra Geld für Flüge, die du unterwegs kaufen willst, mitnehmen. Ein Round-the-World-Ticket garantiert, dass du wieder nach Hause kommst, auch wenn du unterwegs dein gesamtes Geld ausgibst oder verlierst.

Obwohl du die Flugdaten bei der Reservierung deines Tickets festlegen musst, kannst du diese Daten, oft ohne Gebühr, ändern.

Jeder Erwachsene kann in Deutschland einen Flug buchen. Was in Deutschland meist ohne Probleme funktioniert, kann sich in anderen Ländern als äußerst schwierig gestalten. Die Suche nach einem Reisebüro, lange Warteschlangen und Sprachprobleme können frustrierend sein.

Nachteile

Die Streckenführung muss bei der Buchung festgelegt werden und kann nur gegen eine Gebühr geändert werden. Einige Tickets erlauben keine Streckenänderungen.

Tickets sind für maximal ein Jahr gültig.

Tipps

Wenn du flexibel mit deinen Reisedaten bist, kannst du viel Geld sparen. Manchmal ist es möglich fast 300 Euro zu sparen, wenn du einen Tag eher oder später abreist.

Weniger ist mehr. Viele Menschen machen den Fehler zu viele Orte in zu kurzer Zeit sehen zu wollen. Die Verlockung ist groß. Aber, wenn dir ein Ticket erlaubt 15 Stopps zu machen, musst du diese 15

Stopps nicht machen. Du willst die Welt entdecken und nicht von einem Ort zum nächsten hetzen.

Baue Surface-Strecken in dein Round-the-World-Ticket ein. Eine Surface-Strecke ist ein Weg, den du nicht mit dem Flugzeug zurücklegst, sondern mit dem Bus, Zug, Auto, etc. Wenn du z.b. in Sydney landest, dann mit dem Bus die Ostküste entlang bis nach Cairns fährst und von Cairns aus weiterfliegst, ist die Strecke zwischen Sydney und Cairns eine Surface-Strecke.

Durch Surface-Strecken hast du die Möglichkeit das Land zu sehen sowie Geld und Zeit zu sparen, da du nicht wieder zurück zum Ausgangspunkt musst.

Tickets unterwegs kaufen

Flexibilität ist der größte Vorteil, den du hast, wenn du deine Tickets unterwegs kaufst. Triffst du in Argentinien Leute, die von Bolivien schwärmen, du aber gar nicht geplant hattest nach Bolivien zu fahren, kannst du deine Pläne spontan ändern.

Der Nachteil ist, dass offiziell fast alle Länder ein gültiges Rück- oder Weiterreise-Ticket bei der Einreise verlangen. Viele Beamte verzichten darauf sich das Ticket zeigen zu lassen, es gibt jedoch Länder, z.B. Südafrika, wo man ohne ein gültiges Rück- oder Weiterreise-Ticket nicht ins Land kommt. Eine Kreditkarte oder der Nachweis einer bestimmten Geldsumme wird manchmal akzeptiert.

Ein weiterer Nachteil ist, dass du vorher nicht genau planen kannst, wie viel die verschiedenen Tickets kosten werden. Es ist möglich, durch Recherche in etwa einen Preis zu bestimmen, aber dieser Preis ist nicht garantiert. Die tatsächlichen Kosten für die Tickets hängen von der Verfügbarkeit ab. Ein mögliches Szenario: Du bist in Thailand und willst nach Indien fliegen. Das Flugticket kostet 500 Euro mehr, als du eingeplant hattest, weil in Indien zu der Zeit ein

Fest ist. Du kannst entweder 2 Wochen warten und mit einem billigeren Flug fliegen oder das teure Ticket kaufen.

Ob du Geld gespart hast, wirst du erst am Ende deiner Reise feststellen.

Lass dich beraten

Das Internet entwickelt sich ständig weiter. Inzwischen haben wir die Möglichkeit Round-the-World-Tickets online zu buchen, wenn auch nur einfache Routen. Jede Weltreise ist anders und sollte deshalb in einem Reisebüro besprochen werden.

STA Travel, Travel Overland und Explorer Fernreisen haben Filialen in ganz Deutschland und sind ein guter Startpunkt für Anfragen zu Round-the-World-Tickets. Viele Mitarbeiter haben eigene Erfahrungen auf Weltreisen und Fernreisen gesammelt und können dir zahlreiche Tipps zur Planung deiner Reise geben sowie dein Ticket buchen. Um gezielte Informationen im Reisebüro zu erhalten, solltest du folgendes bereits wissen:

Wann die Reise beginnen soll
Das Datum deines Abfluges entscheidet den Preis. Wenn du flexibel bist, sag es. Manchmal gilt einen Tag früher oder später eine andere Saison, in der das Ticket billiger ist.

Was du unbedingt sehen willst
Ein guter Reiseverkehrskaufmann bzw. eine gute Reiseverkehrskauffrau macht Vorschläge und sagt, was außerdem noch möglich ist.

Was du bereit bist, auszulassen
Manchmal ist es möglich, durch Weglassen eines Ortes viel Geld zu sparen.

Wie viel du bereit bist, auszugeben

Je mehr Kontinente du sehen willst, desto teurer wird dein Ticket. In der Regel erlauben dir die billigsten Round-the-World-Tickets drei Kontinente zu sehen. Also z.B. Asien, Australien und Nordamerika. Mehr als drei Kontinente oder sehr komplizierte Routen kosten mehr Geld.

Die wichtigsten Round-the-World-Tickets mit aktuellen Bedingungen, Vor- und Nachteilen sowie Routenbeispielen findest du auf www.weltreise-portal.com.

Denke daran, dass jede Weltreise anders ist und dass jedes Ticket individuell auf deine Bedürfnisse und Wünsche zusammengestellt werden kann. Zahllose Kombinationen sind möglich. Die Wahl des Tickets hängt von deinen Zielorten ab. Es kommt darauf an, ob die Fluggesellschaft das Ziel anfliegt und ob du dann von diesem oder einem anderen Ort weiterfliegen kannst. Da du beim Buchen des Tickets auf die Flugrouten bestimmter Fluggesellschaften angewiesen bist, ist es manchmal nicht möglich, deine Wunschroute zu erstellen. Versuche in so einem Fall das Ticket zu wählen, dass deiner gewünschten Route am nächsten kommt.

Mit wem soll ich fahren?

Alleine

Viele Menschen geben den Traum von einer Weltreise auf, weil niemand den sie kennen mitfahren möchte. Aber nur, weil keiner deiner Freunde Lust oder Zeit hat, mit dir eine Weltreise zu machen, sollte dich das nicht davon abhalten, alleine zu reisen.

Viele Leute haben Angst niemanden kennenzulernen und bleiben deshalb lieber zu Hause. Diese Angst ist jedoch völlig unbegründet. Solange du dich nicht in deinem Zimmer versteckst und Menschen aus dem Weg gehst, wirst du schnell Anschluss zu anderen Reisenden finden. Hostels oder Transportnetzwerke wie Kiwi Experience sind ideal, um andere Reisende kennenzulernen. Oft ergeben sich Freundschaften und man reist für ein paar Tage, Wochen oder sogar Monate zusammen weiter.

Alleine reisen hat aber auch Nachteile. So wird eine einzelne Person eher von einem Dieb angegriffen, als eine Gruppe. Es ist niemand da, der auf dein Gepäck aufpassen kann, während du schnell auf die Toilette gehst, und es ist teurer. Die Kosten für Hotels oder Taxis können nicht geteilt werden, und auch mit der Einsamkeit musst du klarkommen. Auch wenn es nicht schwer ist, neue Leute kennenzulernen, musst du damit rechnen, manchmal ganz alleine zu sein.

Wenn du unsicher bist, alleine zu reisen, kannst du am Anfang deiner Reise eine Gruppentour machen. Die Teilnehmer dieser Touren sind meist zwischen 20 und 30 Jahre alt. Bei Alleinreisenden sind diese Gruppentouren sehr beliebt. Gerade in Ländern, die schwer zu bereisen sind, wie Indien oder China, bieten sich solche Touren an. Am Ende der Tour wirst du das nötige Selbstvertrauen haben, dass du brauchst, um alleine weiterzureisen. Vielleicht sind andere Reisende dabei, die nach dem Ende der Tour in dieselbe Richtung reisen wie du.

Um herauszufinden, ob du bereit bist, ohne einen Freund oder eine Freundin zu verreisen, solltest du dir über folgende Fragen Gedanken machen:

Kann ich auf andere Leute zugehen?
Manche Menschen haben kein Problem auf Andere zuzugehen. Andere wiederum verkriechen sich in einer Ecke und hoffen nicht von Fremden angesprochen zu werden. Wenn du es nicht leicht findest, auf Fremde zuzugehen, dann solltest du mit Bekannten oder Freunden reisen. Wenn keiner deiner Freunde mit dir verreisen will, suche dir vorab einen Reisepartner. Anderseits sind viele Reisende die schüchtern und scheu sind davon überrascht, wie einfach es ist, neue Leute kennenzulernen. Eine Weltreise hat schon vielen geholfen, ihre Selbstsicherheit zu stärken.

Bin ich alleine glücklich?
Einige Reisende werden einsam oder finden es langweilig für längere Zeit alleine zu sein. Andere finden es gut für einige Zeit alleine zu sein und einfach das machen zu können was sie wollen, ohne auf irgendjemand Rücksicht nehmen zu müssen. Wenn du dich nicht alleine unterhalten kannst oder schnell einsam wirst, such dir einen Reisepartner.

Möchte ich meine Erfahrungen mit anderen Teilen?
Du wirst fantastische Dinge sehen und erleben. Kannst du aufregende Ereignisse und Erlebnisse gut alleine verarbeiten? Es ist schön seine Erfahrungen unterwegs, aber auch zu Hause mit jemandem teilen zu können. Wie wichtig ist dir das Teilen von gemachten Erfahrungen?

Kann ich mich schnell mit neuen Freunden entspannen?
Deine Freunde zu Hause kennst du schon ewig. Ihr könnt euch über alles unterhalten, ohne zu verkrampfen. Aber wie fühlst du dich,

wenn du mit neuen Leuten zusammen bist, die du erst ein paar Minuten kennst? Du musst dich vorstellen, sagen, wer du bist, woher du kommst, wie lange du schon unterwegs bist, wo du schon warst, wo du noch hin willst, usw. Alles Fragen, die immer wieder gestellt werden, wenn du fremden Menschen begegnest. Das kann anstrengend sein und auch langweilig werden. Wie gehst du damit um?

Mit Freunden

Mit Freunden zu verreisen macht Spaß und hat viele Vorteile. Es ist billiger, denn die Kosten für Taxi, Hotelzimmer und Lebensmittel können geteilt werden. Es ist einfacher, denn es ist jemand da der einen Sitzplatz im Bus für dich reserviert, während du die Rucksäcke ins Gepäckfach schiebst. Das Beste ist aber, dass du jemand hast, mit dem du die gemachten Erfahrungen teilen kannst, wenn du wieder zu Hause bist.

Mit einem Freund oder einer Freundin zu reisen bedeutet aber auch, dass ihr 24 Stunden am Tag zusammen sein werdet. Ihr esst zusammen, schlaft zusammen, reist zusammen. Auch zwischen den besten Freunden kann es dann zum Streit kommen.

Denke gut darüber nach, mit wem du auf Reisen gehst. Nichts ist schlimmer als am Zielort anzukommen und festzustellen, dass der Andere ganz andere Interessen hat und andere Dinge tun möchte als du. Streitereien und Probleme sind da vorprogrammiert.

Sprecht offen und ehrlich über eure Erwartungen an die Reise. Verreist nicht zusammen, wenn ihr verschiedene Ansichten habt. Ihr solltet gemeinsame oder ähnliche Interessen haben, das gleiche Reisebudget und den gleichen Zeitrahmen. Wichtig ist auch, dass ihr nicht alles zusammen macht, wenn ihr unterwegs seid. Versucht andere Leute kennenzulernen oder alleine etwas zu unternehmen.

Mit dem Freund oder der Freundin

Immer mehr Paare gehen gemeinsam auf Weltreise. Die Vorteile liegen auf der Hand. Ihr könnt all die Dinge machen, von denen ihr schon immer geträumt habt. Ihr macht neue Erfahrungen, habt Spaß, viel Zeit füreinander und lernt euch noch besser kennen. Aber es gibt auch Nachteile. Nach ein paar Monaten geht ihr euch wahrscheinlich auf die Nerven. Lange Zeit zu reisen ist anstrengend, man ist müde und gereizt. Schnell kann es zum Streit kommen. Wer verreist, will auch Leute kennenlernen. Es ist eine Tatsache, dass reisende Paare weniger Leute kennenlernen. Solltet ihr euch unterwegs trennen, musst du alleine weiterreisen oder deine Reise abbrechen. Mit dem Freund oder der Freundin auf Reisen zu gehen kann wunderbar sein. Mach dir jedoch vorher Gedanken darüber, ob eure Beziehung stark genug ist, um Krisen zu überstehen und überlege dir auch, wie der Rest deiner Reise verlaufen soll, solltet ihr euch unterwegs trennen.

Such dir einen Reisepartner

Du willst auf Weltreise gehen, aber keiner deiner Freunde hat Zeit oder Lust mitzufahren und alleine reisen willst du nicht? Dann hast du die Möglichkeit, dir vor deiner Reise einen oder mehrere Reisepartner zu suchen. Reiseforen im Internet sind ideal, um Reisepartner zu finden.

Bevor du dich für einen Reisepartner entscheidest, solltet ihr euch kennenlernen. Geht gemeinsam weg, nimm Freunde und Bekannte mit zu Treffen und frag sie nach ihrer Meinung. Werdet euch darüber einig, was ihr sehen wollt und was für Erwartungen ihr an diese Reise habt. Eure Erwartungen müssen nicht gleich sein, aber zusammen umsetzbar. Sprecht darüber, wie ihr mit bestimmten Situationen umgeht und was ihr macht, wenn ihr unterwegs merkt, dass ihr nicht zusammenpasst.

Folgende Punkte sollten besprochen werden:

- Was wünscht sich jeder von dieser Reise?
- Was wünscht sich jeder vom Anderen?
- Reiseroute und Zeitplan.
- Wie werden Änderungen beschlossen?
- Geld (Gemeinsame oder getrennte Kassen? Wie wird abgerechnet?)
- Reisebudget.
- Aufgaben.
- Gegenseitige Unterstützung bei Krankheit, Unfall, Diebstahl, Haft, usw.
- Alkohol, Drogen, Zigaretten?
- Wie werden Konflikte gelöst?
- Trennt man sich, wenn man sich gar nicht versteht?

Ausweise und Papiere

Reisepass

Wenn du auf Weltreise gehen willst, brauchst du einen Reisepass. Hast du noch keinen Reisepass, kannst du beim Einwohnermeldeamt einen beantragen. Erledige das, sobald du weißt, wann du verreisen willst. Es dauert ca. 4 Wochen um einen Reisepass ausgestellt zu bekommen, manchmal länger und kostet 59 Euro. Einen Express-Reisepass bekommst du schon innerhalb von 3 Arbeitstagen, er ist aber teurer.

Du hast bereits einen Reisepass? Überprüfe folgendes:

Gültigkeitsdauer
Viele Länder verlangen eine Gültigkeit von mindestens 6 Monaten über das beabsichtigte Reiseende hinaus. Dein Pass sollte also bei der Ausreise aus dem letzten Reiseland deiner Weltreise noch mindestens 6 Monate gültig sein.

Freie Seiten
Hast du noch genügend freie Seiten in deinem Reisepass? Du benötigst eine freie Seite pro visumpflichtiges Land.

Sichtvermerke
Manche Länder verweigern die Einreise, wenn ein Stempel im Pass darauf hinweist, dass man in einem politisch unerwünschten Land war (z.B. Einreise in arabische Staaten mit israelischem Stempel im Pass.). Hast du solche Stempel im Pass, musst du eventuell einen Zweitpass beantragen.

Visa

Erkundige dich mehrere Monate vor deiner Abreise bei der Botschaft oder dem Konsulat deines Reiselandes, ob du ein Visum benötigst. Auf der Website des Auswärtigen Amtes findest du alle ausländischen Botschaften in Deutschland.

Beachte, wie lange das Visum gültig ist (Zeitraum zwischen Ausstellungstag und Einreisetag). Prüfe, ob du es auch unterwegs oder nur in Deutschland beantragen kannst. Einige Visa müssen innerhalb von 3 Monaten nach Ausstellung genutzt werden (z.B. Visum für China), andere haben eine Gültigkeit von 12 Monaten (z.B. Working Holiday Visum für Australien).

Eine Rückreise- oder Weiterreisebestätigung wird offiziell von den meisten Ländern verlangt, jedoch selten kontrolliert. Einige Länder akzeptieren auch Kreditkarten, einen Nachweis über genügend finanzielle Mittel oder Einreisevisa für andere Länder.

Wichtig ist, kurz vor deiner Reise die Angaben zu überprüfen, da Einreisebestimmungen sich jederzeit ändern können.

Wenn du im Ausland arbeiten möchtest, dann brauchst du unter umständen ein Arbeitsvisum. Es ist nicht in jedem Land möglich legal zu arbeiten, und es dauert meist länger ein Arbeitsvisum zu bekommen, als ein Touristenvisum. Oft muss das Arbeitsvisum im Heimatland beantragt werden.

Passfotos

Passfotos werden unterwegs für Visa und andere Dokumente benötigt. Nimm genügend mit, um unterwegs Zeit und Geld zu sparen.

Impfausweis

Manche Länder verlangen bei der Einreise immer ein Gelbfieberimpfungszertifikat, andere nur, wenn du aus einem Gelbfieberinfektionsgebiet einreist. Gelbfieberinfektionsgebiete sind 33 Länder im tropischen Afrika sowie einige südamerikanische Länder wie Belize, Bolivien, Brasilien, Kolumbien, Ecuador und Peru. Die Gelbfieberimpfung bietet 10 Jahre Schutz. Du bekommst sie von einer autorisierten Gelbfieberimpfstelle. Bescheinigt wird die Impfung im Internationalen Impfausweis der Weltgesundheitsorganisation (WHO).

Internationaler Führerschein

In Ländern der Europäischen Union kannst du grundsätzlich auch mit einem deutschen Führerschein fahren. In vielen außereuropäischen Ländern brauchst du jedoch zusätzlich einen internationalen Führerschein.

Der internationale Führerschein kann bei der zuständigen Führerscheinstelle beantragt werden und ist 3 Jahre gültig. Er kann nur dann ausgestellt werden, wenn du im Besitz eines ab 01.01.1999 ausgestellten Führerscheins in Scheckkartenformat bist. Ist das nicht der Fall, musst du den deutschen Führerschein in den neuen EU-Kartenführerschein umtauschen. Die Kosten für den internationalen Führerschein belaufen sich auf 15 Euro. Muss der alte Führerschein gegen einen neuen EU-Führerschein getauscht werden, fallen noch 24 Euro an. Sind alle notwendigen Unterlagen vorhanden, wird der internationale Führerschein in der Regel sofort ausgestellt.

Die Infomappe

Damit du unbesorgt abreisen kannst, solltest du eine Infomappe mit wichtigen Adressen, Telefonnummern und Formularen erstellen und diese einer Person deines Vertrauens vor deiner Abreise geben. Das gehört in eine Infomappe:

- ☐ Reiseroute mit grobem Zeitplan.
- ☐ Deine E-Mail-Adresse, Telefonnummern und Kontaktadressen unterwegs.
- ☐ Namen, Adressen, Telefonnummern und E-Mail-Adressen von Familie, Freunden und Nachbarn.
- ☐ Wohnungsschlüssel.
- ☐ Briefkastenschlüssel .
- ☐ Autoschlüssel.
- ☐ Angabe, wie oft Wohnung bzw. Haus kontrolliert werden soll.
- ☐ Angabe, wie oft der Briefkasten geleert werden soll.
- ☐ Kopien aller mitgenommenen Dokumente.
- ☐ Liste mit Angaben von Reisechecknummern.
- ☐ Liste mit Angaben von Kreditkartennummern und Gültigkeitsdatum.
- ☐ Anweisungen zur Geldüberweisung ins Ausland.
- ☐ Verfahren bei Verlust von Dokumenten bzw. Geld.
- ☐ Eventuell Blankounterschriften.
- ☐ Adressliste mit Telefonnummern von Post, Bank, Versicherung und anderen Ämtern.
- ☐ Vollmachten für Post, Bank und andere Ämter.
- ☐ Patientenverfügung.
- ☐ Testament.

Zusätzlich kannst du wichtige Dokumente wie Flugtickets, Reisepass, Adresslisten, Reiseversicherung, etc. in einen Online-Safe deponieren. Dadurch hast du jederzeit Zugang zu all deinen Dokumenten und kannst so schnell auf verloren gegangene oder gestohlene Dokumente zurückgreifen.

Geld und Kosten

Was kostet eine Weltreise?

Eine Weltreise muss nicht teuer sein. Wie viel die Reise kostet, hängt von deiner Reiseroute und deinem Reisestil ab. Im Durchschnitt benötigst du ca. 25 Euro pro Tag für Unterkunft, Verpflegung und Reisekosten. Natürlich kommt es auch auf das Reiseland an. Bist du nur in Indien und Asien unterwegs, fährst mit den billigsten Transportmitteln und ist wie ein Einheimischer brauchst du deutlich weniger als 25 Euro pro Tag.

Ungefähre Kosten pro Tag (inklusive Transport, Verpflegung, Unterkunft, Ausflüge, usw.)

Asien

Thailand, Philippinen, Malaysia, China: 25 bis 30 Euro
Indien, Nepal, Sri Lanka: 15 bis 25 Euro
Indonesien, Laos, Vietnam, Kambodscha: 15 bis 25 Euro
Hongkong, China (Osten), Südkorea, Singapur: 30 bis 40 Euro
Japan: 38 bis 60 Euro

Australien und Neuseeland

Australien: 30 bis 45 Euro
Neuseeland: 25 bis 35 Euro

Nordamerika

USA, Kanada: 40 bis 60 Euro

Mittelamerika

Guatemala, Nicaragua, Honduras: 20 bis 30 Euro
Mexico, Belize, Costa Rica: 20 bis 40 Euro

Südamerika

Brasilien: 30 bis 40 Euro
Argentinien, Peru: 20 bis 30 Euro
Bolivien, Kolumbien, Ecuador: 15 bis 25 Euro
Chile: 25 bis 35 Euros
Venezuela: 20 bis 30 Euros

Afrika

Ägypten: 15 bis 25 Euro
Marokko: 20 bis 30 Euro
Ostafrika: 15 bis 25 Euro (ohne Safaris)
Südliches Afrika: 15 bis 25 Euro (ohne Safaris)
Südafrika, Namibia: 20 bis 30 Euro (ohne Safaris)
Safaris: 50 bis 90 Euro/Tag

Europa

Westeuropa: 35 bis 60 Euro (Hauptstädte sind oft teuer.)
Osteuropa: 20 bis 40 Euro

Naher Osten

Israel: 40 Euro
Iran: 25 Euro
Vereinigte Arabische Emirate: 45 bis 75 Euro
Alle anderen Golf Staaten: 40 bis 70 Euro

Budgetplanung

Mit dem Budgetplaner findest du heraus, wie viel Geld du für deine Reise benötigst. Die meisten Reisenden geben mehr Geld aus, als sie geplant hatten. Einige planen so wenig Geld ein, dass sie ihre Reise aus Geldmangel abbrechen müssen. Damit dir das nicht passiert, solltest du bei deinen Angaben realistisch sein und ca. 30 % deines Geldes als Reserve einplanen.

Alle Angaben zu Kosten und Ausgaben findest du in einem guten Reiseführer.

Ist das Ergebnis eine positive Zahl, hast du genügend Geld und deiner Reise steht nichts mehr im Wege. Kommt jedoch eine negative Zahl heraus, gehe noch einmal durch die Angaben und überprüfe, ob du vielleicht zu viel Geld eingeplant hast. Brauchst du wirklich all die neuen Sachen? Musst du drei Fallschirmsprünge machen, oder reicht einer aus? Wenn das Gesamtergebnis danach immer noch negativ ist, überlege dir, ob es sinnvoll ist, unterwegs ein paar Wochen zu arbeiten oder deine Abreise um ein paar Monate zu verschieben und mehr Geld zu sparen.

Budgetplaner		
EINKOMMEN		**EINKOMMEN**
Nettoeinkommen		
Gespartes	+	
Sonstige Einkommen	+	
Gesamt	=	
AUSGABEN		**AUSGABEN**
Miete		
Rechnungen	+	
Freizeit (Kino, Clubbing, …)	+	
Sonstiges (Musik, Klamotten, …)	+	
Gesamt	=	
Einkommen (gesamt)		
Ausgaben (gesamt)	-	
Verfügbares Geld	=	
REISEBUDGET		**REISEBUDGET**
Flugtickets		
Reiseversicherung	+	
Visa und andere Dokumente	+	
Impfungen und Reiseapotheke	+	
Ausrüstung	+	
Unterkunft und Verpflegung	+	
Transportmittel	+	
Freizeit (Kino, …)	+	
Aktivitäten (Bungee Jump, …)	+	
Sonstiges (Postkarten, Internet, …)	+	
Gesamt (Mindestbudget)	=	
30% Reserve	+	
Reisebudget	=	
Verfügbares Geld		
Reisebudget	-	
Gesamtergebnis	=	

Zahlungsmittel

Bargeld

Gern gesehen und die einfachste Methode zu bezahlen. Besorge dir vor Antritt deiner Reise etwas Landeswährung für die ersten Tage in deinem ersten Reiseland. Ausländische Währung bekommst du von deiner Bank. Für manche Länder, wie Indien, kannst du jedoch keine Landeswährung vorab bestellen. Ist das der Fall, tausche am Ankunftsflughafen genügend Geld für dein Hotel und den Bus oder das Taxi in die Stadt. Einen größeren Betrag kannst du dann in der Stadt zu einem besseren Kurs tauschen, denn die Wechselstuben an den Flughäfen tauschen meist zu einem schlechten Kurs.

Eine andere Möglichkeit an Landeswährung zu kommen, hast du mit einer Maestro- oder Kreditkarte. Fast alle Flughäfen haben Bankautomaten, wo du mit deiner Karte Geld abheben kannst. Oft sind die Wechselkurse der Banken sehr günstig. Es wird jedoch fast immer eine Gebühr von ca. 2 bis 5 Euro pro Transaktion berechnet wird.

Viele Entwicklungsländer akzeptieren außer ihrer eigenen Währung auch US-Dollar. Die Symbolkraft des US-Dollar ist aber oft höher als der tatsächliche Wert. In einigen Ländern ist es unmöglich, eine andere Währung als US-Dollar zu tauschen. Das ist z.B. in Mittelamerika der Fall. Tausche deshalb vor deiner Abreise etwas Geld in US-Dollar. Am besten sind Scheine im Wert von 1, 2, 5, 10 und 20 US-Dollar. Größere Scheine werden, aus Angst vor Fälschungen, oft nicht angenommen. Dollarscheine müssen in einem guten Zustand sein, sind sie beschädigt, gefaltet oder beschriftet, werden sie häufig nicht akzeptiert.

Reiseschecks

Eine der beliebtesten und sichersten Methoden Geld mit auf Reisen zu nehmen, trotz umständlicher und zeitraubender Einlösung. Reiseschecks werden in fast allen Ländern der Welt akzeptiert. Die weltweit bekanntesten Schecks sind die von American Express und Thomas Cook. Gegen Vorlage des Schecks bei einer Bank wird dir der Betrag in der Landeswährung ausgezahlt. In einigen Ländern werden Reiseschecks auch als Zahlungsmittel akzeptiert.

Reiseschecks kosten einmalig ca. 1 bis 2 % Versicherung und sind deshalb so sicher, weil du jeden Scheck zweimal unterschreiben musst. Erstmals beim Kauf, dann bei der Einlösung des Schecks. Gestohlene oder verlorene Schecks werden schnell gegen Vorlage der Kaufbescheinigung sowie einer Liste der Schecknummern, auf dem die eingelösten Schecks markiert sind, kostenlos ersetzt. Die Reiseschecks und die Liste mit den Nummern musst du getrennt aufbewahren. Außerdem solltest du eine Kopie zu Hause lassen.

Verlange beim Kauf von Reiseschecks eine Mischung aus kleinen und großen Schecks in US-Dollar. Der US-Dollar ist die meistbenutzte Währung der Welt, außerdem sind die Wechselkurse des US-Dollar oft günstiger. Fast alle Länder der Welt akzeptieren Reiseschecks in US-Dollar und Euro.

Maestro- und Kreditkarten

Mit einer Maestrokarte kannst du weltweit Geld abheben. Die Maestrokarte ist eine Debitkarte, das heißt, das Geld wird direkt von deinem Girokonto abgebucht und in der Landeswährung ausgezahlt.

Kreditkarten werden weltweit akzeptiert. Monatlich bekommst du eine Rechnung über die Summe deiner Ausgaben. Diese wird dann von deinem Girokonto abgebucht. Kreditkarten sind nützlich, wenn Sicherheiten verlangt werden. Willst du z.B. ein Auto mieten, ersetzt eine Kreditkarte die Kaution.

Mittlerweile kannst du fast überall auf der Welt mit einer Kredit- oder Maestrokarte bezahlen. Mit Karte zu bezahlen ist problemlos, praktisch und günstig. Verlass dich jedoch nicht auf eine Karte allein, nimm mindestens zwei Karten mit auf deine Reise, geht eine unterwegs verloren oder wird gestohlen, hast du noch eine zweite Karte.

Viele Banken berechnen eine Pauschalgebühr für eine Transaktion, deshalb ist es besser, möglichst hohe Geldbeträge abzuheben.

Überprüfe vor deiner Abreise das Gültigkeitsdatum auf deinen Karten, um sicher zu gehen, dass sie nicht während deiner Reise ungültig werden.

Travellers Cheque Card

American Express hat eine aufladbare Prepaid Travellers Cheque Card. Diese Karte ist eine Mischform aus Kreditkarte und Reisescheck. Vor deiner Reise zahlst du ein Guthaben auf ein Konto. Einen Teil des Guthabens lädst du auf deine Karte. Wenn die Karte leer ist, lädst du sie wieder auf. Mit der Karte kannst du weltweit in Geschäften, Hotels, Restaurants und überall dort, wo du ein American Express Zeichen siehst, bezahlen. Du kannst weltweit Geld vom Automaten abheben. Die Karte ist 3 Jahre gültig und hat keine Jahresgebühr. Auch das Aufladen ist gebührenfrei. Bei Verlust der Karte erhältst du innerhalb von 24 Stunden Ersatz.

Für den Notfall

Notiere dir vor deiner Abreise die Nummern und Gültigkeitsdaten sowie die Sperrnotrufnummern der Karten. Diese Angaben legst du in deine Infomappe, speicherst sie im Online-Travel-Safe und versteckst sie im Rucksack. Bei Verlust einer Karte musst du sofort den Sperrdienst anrufen.

Die Reisekasse

Du hast das Geld für deine Reise gespart und stehst jetzt am Anfang deiner großen Reise. Auch wenn jetzt der Urlaub losgeht, heißt es weiterhin sorgfältig mit deinem Geld umgehen.

Überlege dir, wie du dein gespartes Geld am besten verteilst und wie du damit umgehst. Du kannst z.B. über alle Ausgaben, die du machst, genau Buch führen. Eine andere Möglichkeit ist einen Betrag zu bestimmen, den du jeden Monat zur Verfügung hast, dich so weit wie möglich daran zu halten und am Monatsende deine Ausgaben mit deinem Budget zu vergleichen. Wenn du zwei Konten hast, kannst du dir jede Woche einen bestimmten Betrag auf dein „Reisekonto" überweisen lassen. Dadurch wirst du gezwungen, ordentlich mit deinem Geld umzugehen und nicht alles auf einmal auszugeben. Wenn du diese Methode wählst, solltest du jedoch immer etwas Reservegeld zur Verfügung haben. Stell dir vor, du hast dein ganzes Geld für die Woche ausgegeben und kannst nun nicht den Bungee Jump machen oder das tolle Souvenir kaufen.

Wenn du mit einem Freund oder einer Freundin reist, solltet ihr gemeinsame Ausgaben aufschreiben, um zu vermeiden, dass einer zu viel bzw. zu wenig bezahlt.

Online-Banking

Durch Online-Banking kannst du unterwegs deine Finanzen prüfen und kontrollieren. Wenn du noch keinen Online-Zugang zu deinem Konto hast, beantrage ihn rechtzeitig vor deiner Reise und mach dich damit vertraut.

Ist Online-Banking sicher?

Bis jetzt galt Online-Banking als sicher, da alle großen Geldinstitute verschlüsselte Verbindungen nutzen. In letzter Zeit häufen sich jedoch die Betrugsfälle. Beim sogenannten Phishing (kommt aus dem Englischen und bedeutet soviel wie Passwort fischen) wird die E-Mail-Adresse bekannter Geldinstitute vorgetäuscht. Meist führt ein Link in der E-Mail auf die gefälschte Website, wo vertrauliche Daten wie Kontonummer, PIN und TAN abgefragt werden. Auch Trojaner und Keylogger sind gefährlich.

Beachte deshalb folgende Grundregeln:

- Beschränke die Anzahl deiner Online-Bankbesuche, durch Einrichten von Daueraufträgen, etc.

- Alle großen Geldinstitute benutzen eine gesicherte SSL-Verbindung. Du erkennst sie an der URL „https://" statt „http://". Im Internet Explorer wird sogar ein kleines Schloss am unteren Bildschirmrand angezeigt.

- Gib die Internetadresse deiner Bank immer über die Tastatur ein. Folge nie einen Link, um zur Website zu gelangen.

- Kein Geldinstitut verlangt vertrauliche Daten wie Kontonummer, PIN oder TAN, weder per Brief, E-Mail, Telefon oder SMS.

- Einige Banken erlauben, ein Limit für Überweisungen pro Tag und Transaktion festzulegen. Wähle ein niedriges Limit um einen möglichen Schaden in Grenzen zu halten.

- Ändere deinen PIN in regelmäßigen Abständen und benutze Kombinationen aus Groß- und Kleinbuchstaben sowie Zahlen.

- Kontrolliere regelmäßig dein Konto.

- Logge dich am Ende deiner Transaktionen immer aus.

- Wenn du denkst, dass deine Zugangsdaten einem Unbefugten bekannt geworden sind, ändere sofort deinen PIN.

Online-Kreditkartenzahlung

Zahlungen mit Kreditkarten via Internet sind sicher, da der Geldempfänger die Pflicht hat, auf Anfragen von Geldinstituten, eine Empfangsberechtigung (z.B. Unterschrift oder PIN) vorzulegen. Bei unrechtmäßigen Abbuchungen musst du innerhalb von 4 Wochen nach Stellung der Kreditkartenrechnung deine Bank informieren. Diese überprüft den Fall und erstattet in der Regel den abgehobenen Betrag.

Geldtransfer

Mit Western Union oder MoneyGram kannst du in wenigen Minuten Geld an eine Person am anderen Ende der Welt schicken oder auch Geld bekommen. Anbieter, wie Western Union oder MoneyGram, findest du weltweit in fast allen großen Städten. Für einen Notfall ist ein Geldtransfer eine gute Sache, ansonsten eher zu meiden, da ein Transfer relativ teuer ist.

Discountkarten

Es gibt viele Karten, mit denen du vor und während deiner Reise, Geld sparen kannst. Die meisten Karten gewähren einen Rabatt zwischen 10 und 30 % für verschiedene Aktivitäten, wie Bungee Jumps, Tauchkurse oder Museumsbesuche. Rabatt gibt es oft auch in Hostels, Restaurants und Reisebüros. Die meisten Karten kannst du schon vor deiner Reise kaufen und somit Geld für Flüge oder Ausrüstung sparen. Andere Karten sind nur im Reiseland erhältlich und gültig.

Bei der Wahl der Discountkarten solltest du dir gut überlegen, ob sie für dich und deine Reiseländer nützlich sind. Ein oder zwei Karten reichen in der Regel aus, da die meisten Anbieter, die Rabatt auf Aktivitäten geben, verschiedene Karten akzeptieren.

Die bekanntesten und beliebtesten Discountkarten sind:

ISIC (International Student Identity Card)
Der ISIC ist der einzig weltweit anerkannte Studentenausweis. Nur Vollzeitstudenten können ihn beantragen. Wer einen ISIC hat, bekommt in mehr als 100 Ländern Vergünstigungen in Hostels, Museen, Shops und Restaurants sowie für Flug-, Bus- und Bahntickets. Der Ausweis ist maximal 16 Monate gültig (von September bis Dezember des folgenden Jahres) und kostet 10 Euro.

Mehr Infos auf www.isic.de

VIP Backpackers Card
Mit der VIP-Karte bekommst du Ermäßigungen für Unterkünfte, Transportmittel, internationale Telefongespräche, Adventure Touren und Aktivitäten in mehr als 80 Ländern. Die VIP-Karte kann jeder kaufen, sie kostet 25 Euro (1 Jahr Gültigkeit) oder 30 Euro (2 Jahre Gültigkeit).

Mehr Infos auf www.vipbackpackers.com

Hosteling International
Mitglieder von Hosteling International bekommen weltweit Ermäßigungen in Hostels, Museen, Shops, für Aktivitäten, u.v.m. Jeder kann Mitglied werden. Die Mitgliedschaft gilt maximal 16 Monate (ab Oktober bis Ende Januar des folgenden Jahres) und kostet 12 Euro für Personen unter 27 Jahren und 20 Euro für Personen ab 27 Jahren.

Mehr Infos auf www.jugendherberge.de

Ausrüstung

Die Ausrüstungskataloge sind voll mit einer Vielzahl an scheinbar nützlichen Produkten für deine Reise. Vieles ist jedoch nur auf den ersten Blick brauchbar. Was wichtig für deine Reise ist, erfährst du auf den nächsten Seiten:

Rucksack

Der Rucksack ist das wichtigste Teil deiner Ausrüstung. Du wirst ihn fast täglich benutzen. Hier lohnt es sich nicht, Geld zu sparen. Investiere in einen guten, bequemen Rucksack und du wirst auch Jahre später noch Freude daran haben.

Achte beim Kauf eines Rucksacks darauf, dass er deinen Ansprüchen gerecht wird und zu deiner Rückenlänge passt. Wichtig ist, dass er bequem sitzt und robust ist. Wähle keinen Rucksack nur nach der Größe oder der Farbe aus. Um den richtigen Rucksack zu finden, müssen beladene Rucksäcke mit verschiedenen Tragesystemen probiert werden. Wenn der Rucksack passt, hängt das Gewicht des Rucksacks auf der Hüfte.

Die Größe des Rucksacks wird in Litern angegeben. Es gibt Rucksäcke die haben ein Volumen von 120 Litern! Für eine Weltreise reicht jedoch ein Rucksack mit einem Volumen von 55 oder 65 Litern in der Regel aus. Selbst ein 65-Liter-Rucksack kann schwer sein, wenn er voll ist. Ein Rucksack für Frauen sollte nicht mehr als 55 Liter fassen.

Rucksäcke gibt es in zwei verschiedenen Variationen. Man unterscheidet Trekkingrucksäcke und Kofferrucksäcke. Der Trekkingrucksack wurde, wie der Name schon sagt, für lange Trekking Touren entwickelt. Er ist schmal, lang und dem Rücken ergonomisch angepasst. Er wird von oben gepackt und zugebunden und ist dadurch nicht abschließbar. Ein Netz aus Stahl (Pacsafe) kann jedoch zur Sicherheit um den Rucksack gelegt werden. Diese Rucksäcke haben einen hohen Tragekomfort sind jedoch umständlich zu packen. Oft muss der ganze Rucksack ausgepackt werden, um zu finden, wonach man sucht.

Kofferrucksäcke haben einen Rundumreißverschluss. Sie werden an der Seite aufgemacht und, wie der Name schon sagt, wie ein Koffer gepackt. Einige Modelle haben extra Tragegurte und Rollen. Kofferrucksäcke sind breiter als Trekkingrucksäcke und viele Modelle sind mittlerweile mit einem kleinen Tagesrucksack ausgestattet, den man durch einen Reißverschluss vom Rucksack trennen kann. Kofferrucksäcke bieten einen guten Tragekomfort auf kurzen Strecken, sind jedoch nicht für lange Trekking Touren geeignet. Durch Reißverschlüsse kann der Kofferrucksack leicht mit einem Schloss gesichert werden. Auch das Packen ist durch den Rundumreißverschluss leichter und schneller.

Wenn du nicht vor hast lange Trekking Touren zu machen, dann empfiehlt sich ein Kofferrucksack.

Auch wenn viele Rucksäcke aus wasserabweisendem Material sind, ganz wasserdicht sind sie nicht. Wasser kommt durch Reißverschlüsse und Nähte. Zusätzlich kannst du eine Regenhülle für den Rucksack kaufen. Diese wird einfach über den Rucksack gestülpt und bietet so Schutz vor Regen, Schmutz und sogar Dieben. Einige Modelle haben eine Regenhülle direkt in den Rucksack eingenäht.

Gute Beratung beim Kauf eines Rucksacks ist wichtig. Die Ausrüstungsläden, wie Globetrotter Ausrüstung, Lauche & Maas oder Tapir, haben Filialen in verschiedenen Städten in Deutschland. Dort wirst du umfangreich beraten und kannst verschiedene Rucksacke ausprobieren.

Tagesrucksack

Außer einem großen Rucksack brauchst du auch einen Tagesrucksack, in dem du Dinge des täglichen Gebrauchs wie Wasserflasche, Reiseführer und Kamera, aufbewahren kannst. Wie schon erwähnt, sind viele Kofferrucksäcke bereits mit einem Tagesrucksack ausgestattet. Wenn nicht, oder wenn du einen Trekkingrucksack nimmst, dann brauchst du einen Tagesrucksack. Ein Rucksack mit einem Volumen von ca. 20 bis 25 Litern reicht völlig aus. Auch hier solltest du nicht sparen. Wähle einen Rucksack, der aus robustem Material ist und einen hohen Tragekomfort hat.

Schlafsack

Ob du einen Schlafsack für deine Reise brauchst, hängt von deiner Reiseroute und deinen geplanten Aktivitäten ab. Hältst du dich die meiste Zeit deiner Reise in warmen Ländern auf, wirst du deinen Schlafsack in Hostels oder Hotels kaum brauchen. Oft sind in solchen Ländern jedoch Busse und Züge mit Klimaanlage sehr kalt, sodass sich die Mitnahme eines Schlafsacks lohnt. In den meisten Hostels bekommst du Bettwäsche. In einigen Hostels sind Schlafsäcke verboten, wie zum Beispiel in Australien. Der Grund dafür ist, dass durch Schlafsäcke viele Hostels mit Bedbugs (Wanzen) befallen waren oder sind.

Willst du während deiner Reise einen Trek oder eine Safari machen, brauchst du häufig einen Schlafsack. Hast du keinen Eigenen, kannst du bei fast allen Veranstaltern vor Ort einen Schlafsack gegen eine Gebühr leihen. Das lohnt sich, wenn du den Schlafsack nur für 4 Tage während einer Weltreise brauchst. Bedenke aber, dass geliehene Schlafsäcke auch alt oder schmutzig sein können.

Es gibt Daunenschlafsäcke und Kunstfaserschlafsäcke. Beide haben Vor- und Nachteile. Daunenschlafsäcke sind leichter und haben ein kleineres Packmaß als Kunstfaserschlafsäcke. Daunenschlafsäcke sind jedoch sehr empfindlich. Wenn sie nass werden, verklumpen die Daunen. Der Schlafsack wird schwer und wärmt nicht mehr richtig. Kunstfaserschlafsäcke sind pflegeleichter und langlebiger. Durch ständig neue Erfindungen werden Kunstfaserschlafsäcke immer besser. Für Reisen in sehr kalte Gebiete mit Minustemperaturen oder Gebiete mit hoher Luftfeuchtigkeit ist ein Kunstfaserschlafsack besser geeignet.

Wie warm ein Schlafsack ist, erkennst du an der Komforttemperatur, die auf jedem Schlafsack angegeben ist. Die Komforttemperatur gibt den Wert für eine Frau an, die bei der angegebenen Temperatur gerade noch nicht friert. Da jeder Mensch ein anderes Wärmeempfinden hat, kann die Komforttemperatur nur als Orientierungswert angesehen werden. Ein Schlafsack mit einer Komforttemperatur bis 0°C ist gut für Reisen von Hostel zu Hostel geeignet. Neben der Komforttemperatur wird außerdem noch die Extremtemperatur angegeben. Diesen Wert brauchst du jedoch nicht zu beachten, denn bei dieser Temperatur besteht schon die Gefahr der Unterkühlung.

Achte beim Kauf eines Schlafsacks also auf die Komforttemperatur, das Gewicht und das Packmaß. Ein guter Schlafsack hält warm, ist leicht und hat ein kleines Packmaß.

Inlett

Ein Inlett schützt deinen Schlafsack vor Schmutz und ist leicht zu waschen. Ist es kalt, macht ein Inlett einen Schlafsack um ein paar Grad wärmer, ist es warm brauchst du nicht in deinem Schlafsack zu schwitzen sondern kannst im Inlett schlafen. Es gibt Inletts aus Baumwolle und Seide. Baumwolle ist billiger. Seide ist leicht und spart platz.

Schuhe

Ein fester, knöchelhoher Wanderschuh mit einer griffigen Sohle ist ideal für alle Klimazonen. Achte beim Kauf auf Gewicht, Komfort und Profil. Ein guter Schuh kann täglich getragen werden und du brauchst keine extra Schuhe oder Trainer mitzunehmen. Vor ein paar Jahren waren alle Wanderschuhe aus braunem Leder. Heute gibt es außer den klassischen Lederschuhen auch richtig schicke Modelle, aus anderen Materialien.

Wandersocken

Wandersocken sind ideal um Blasen zu vermeiden. Durch einen besonderen Materialmix halten sie den Fuß trocken. Außerdem legen sie sich so um den Fuß, dass keine Reibung und demzufolge keine Blasen entstehen.

Trekkingsandalen

Trekkingsandalen bieten guten Halt, auch auf nassem Untergrund und lassen sich durch Klettbandverschlüsse individuell anpassen. Sie sind ideal für warme Länder, in denen ein Wanderschuh oft zu warm ist.

Flip Flops

Schützen vor Fußpilz beim Duschen oder Baden.

Reiseapotheke

Eine Reiseapotheke gehört in jeden Rucksack. Die Reiseapotheke sollte individuell zusammengestellt sein. Viele Leute kaufen teure Erste-Hilfe-Sets, stellen jedoch bald fest, dass vieles nicht benötigt wird. Besser ist es in der Apotheke zu kaufen, was du brauchst, alles sorgfältig in eine rote Tasche zu packen und fertig ist deine individuelle Reiseapotheke.

Für Reisen in Entwicklungsländer oder Länder mit schlechter medizinischer Versorgung solltest du ein Steriles-Nadel-Set mitnehmen. Diese Sets enthalten Einmalspritzen und -kanülen, ein Skalpell sowie eine Arzterklärung für den Zoll.

Waschtasche

Eine gute Waschtasche ist wichtig. Sie sollte wasserfest und robust sein und außerdem einen Haken haben, damit du sie in der Dusche aufhängen kannst.

Handtuch

Ein normales Handtuch nimmt viel Platz weg und fängt schnell an unangenehm zu riechen. Es lohnt sich also, in ein Mikrofaserhandtuch zu investieren. Mikrofaserhandtücher trocknen schnell, sind saugstark und gegen Geruchsbildung antibakteriell behandelt. Die Handtücher sind leicht und haben ein kleines Packmaß.

Kleine Handbürste

Nützlich um Schuhe von Schlamm zu befreien, Flecken aus der Handwäsche zu bekommen oder schmutzige Füße zu säubern.

Sonnencreme

Wichtig für jede Reise. Eine gute Sonnencreme mit einem LSF 25 schützt die Haut vor gefährlichen UV-Strahlen und pflegt die Haut.

Mückenspray

Zum Schutz vor Mückenstichen unverzichtbar. Ein Produkt mit 30% DEET bietet den besten Schutz in mückenverseuchten Gebieten.

Armbanduhr mit Alarmfunktion

Damit du immer weißt, wie spät es ist. Eine Armbanduhr ist wichtig, aber lass deine schicke Uhr zu Hause, wenn du nicht willst, dass sie ruiniert oder gestohlen wird. Ideal sind Uhren mit Digitalanzeige. Oft sind sie wasserdicht, was bei Bootsfahrten nützlich ist, zeigen Datum und Wochentag an, was hilfreich ist, um an Geburtstage oder andere wichtige Tage zu denken und haben eine Alarmfunktion. So sparst du Platz in deinem Rucksack, weil du keinen extra Reisewecker mitnehmen musst. Außerdem wirst du kein Problem damit haben, wenn sie nach ein paar Monaten verstaubt oder verkratzt ist. Eine einfache Uhr bekommst du schon für ca. 15 Euro.

Geldgürtel

Jeder Backpacker sollte einen haben. Zur Aufbewahrung von Flugtickets, Reisepass, Geld, Reiseschecks, usw. Unter der Kleidung getragen, bietet ein Geldgürtel den idealen Schutz vor Dieben.

Zahlenschloss

Bietet Schutz vor Dieben und spart einen zusätzlichen Schlüssel. Wer durch die USA reist, darf sein Gepäck aus Sicherheitsgründen nicht mehr verschließen. Abhilfe schafft ein Transportation Security Administration (TSA) zertifiziertes Schloss. Es kann nur von der TSA geöffnet werden. Das Schloss bekommst du in den meisten Ausrüstungsläden.

Kompass

Zur Orientierung in einer neuen Stadt unverzichtbar und auch für Notfälle nützlich. Ein Kompass-Karabiner kann durch seinen Karabiner als Schlüsselanhänger verwendet oder einfach nur an den Rucksack geklemmt werden.

Taschenlampe/Stirnlampe

Damit du im Dunkeln das Schlüsselloch findest, für Notfälle und falls der Strom ausfällt. Eine Minitaschenlampe ist nützlich für jede Reise. Was das Schweizer Offiziersmesser unter den Taschenmessern ist, ist Maglite unten den Taschenlampen. Maglite Taschenlampen sind robust und kommen in verschiedenen Größen. Außerdem kann das Vorderteil abgeschraubt werden und am Ende der Lampe aufgesteckt werden, sodass eine Stehlampe entsteht.

Stirnlampen sind gut um die Hände freizuhalten. Eine Stirnlampe ist dann nützlich, wenn du unterwegs im Zelt schläfst oder in Gegenden übernachtest, wo es keinen Strohm gibt oder der Strohm häufig ausfällt. Mit einer Stirnlampe kannst du kochen, lesen, deinen Rucksack packen, u.v.m.

Taschenmesser

Wenn du noch Taschenmesser hast, besorg dir eins. Schweizer Offiziersmesser sind die bekanntesten und auch meistgekauften Taschenmesser. Neben verschiedenen Klingen haben viele dieser Messer noch andere Hilfsmittel wie Korkenzieher, Dosenöffner, Zahnstocher, Pinzette oder Schere.

Nähzeug

Ein kleines Nähzeug mit ein paar Nadeln und bunten Fäden reicht aus, um Löcher in Hosen oder Tops zu flicken. Kauf dir eins, oder nimm eins aus einem schicken Hotel mit.

Ducktape (Klebeband)

Ducktape darf in keinem Rucksack fehlen. Es bietet unbegrenzte Einsatzmöglichkeiten. Nimm es zum Reparieren, Fixieren und Improvisieren.

Wasserflasche

Wasserflaschen gibt es in verschiedenen Formen und aus verschiedenen Materialien. Neben den normalen Flaschen aus Kunststoff und Metall gibt es auch Faltflaschen. Diese sind ideal für eine Rucksackreise, da normale Wasserflaschen viel Platz wegnehmen. Eine Faltflasche kann geleert und zusammengerollt werden, wenn sie nicht benötigt wird.

Wer viel mit dem Rucksack unterwegs ist oder während der Reise eine Trekking Tour macht, sollte sich eine Faltflasche mit Schlauch wie von Platypus kaufen. Das ständige Auf- und Absetzten des Rucksacks entfällt und man nimmt automatisch mehr Flüssigkeit zu sich. Faltflaschen lassen sich schnell und einfach in Rucksäcken platzieren und sind im Gegensatz zu stabilen Wasserflaschen, für die der Wasserhahn manchmal zu tief ist, unkompliziert zu füllen. Viele Rucksäcke haben mittlerweile ein kleines Loch für den Trinkschlauch und eine Tasche, in die der Trinkbeutel gestellt wird. Dadurch wird eine optimale Gewichtsverteilung erzielt und der Trinkbeutel ist sicher im Rucksack befestigt.

Reiseführer

Der Lonely Planet ist der beliebteste Reiseführer bei Backpackern, da er neben guten Unterkünften, Restaurants und Transportmöglichkeiten auch interessante Hintergrundinformationen hat. Egal ob du einen Reiseführer von Lonely Planet oder Reise Know-How kaufst, ein Reiseführer muss deinem Reisestil entsprechen. Für den Anfang deiner Reise reicht ein Reiseführer für dein erstes Reiseland. Danach kannst du ihn mit anderen Reisenden tauschen oder einen Neuen kaufen. Tipp: Ein Reiseführer in Englisch ist leichter zu tauschen, als einer in Deutsch.

Reisebekleidung

Auf den ersten Blick ist richtige Reisebekleidung, wie von Jack Wolfskin, teuer, aber die Anschaffung ein paar dieser Teile lohnt sich. Reisebekleidung sind oft mehrere Teile in einem. Eine Zip-Off Hose kann z.B. in eine lange Hose, eine Capri und eine kurze Hose verwandelt werden. Wendetops bringen Abwechslung in die Reisegarderobe und nehmen weniger Platz weg. Reisebekleidung ist pflegeleicht, trocknet schnell, ist leicht zu verstauen, knittert nicht, schützt vor schädlichen Sonnenstrahlen, leitet Feuchtigkeit von der Haut weg, sieht gut aus und spart viel Platz.

Sarong

Ein Sarong ist eigentlich nur ein großes Stück Stoff. Dieses Stück Stoff ist jedoch multifunktional einsetzbar, z.B. als Strandtuch, Badeschal, Bettlaken, Vorhang oder Kopfbedeckung und sollte deshalb in keinem Rucksack fehlen. Ist dein erster Stopp deiner Reise in Indien oder Asien, kannst du dir dort billig einen Sarong kaufen.

Bandana

Wegen seiner Vielfältigkeit sehr beliebt. Mit ein paar Handgriffen kannst du aus dem Schlauch ein Piratentuch, eine Mütze, ein Kopfband, ein Haarband, ein Stirnband, eine Sturmhaube, ein Halstuch oder einen Pulswärmer machen. Ein Bandana ist strapazierfähig, trocknet schnell und ist leicht zu verstauen.

Moskitonetz

Ein Moskitonetz ist nützlich für Gegenden in denen Malaria und andere durch Mücken übertragene Krankheiten vorkommen. Die meisten Hotels und Hostels in solchen Gebieten haben Moskitonetze in den Zimmern, es kommt jedoch vor, dass einige dieser Netze Risse haben. Deshalb nehmen viele Reisende ihr eigenes Moskitonetz mit, nutzen es jedoch eher selten oder gar nicht. Die Gründe dafür sind Probleme beim Befestigen. Die meisten Netze müssen an der Decke befestigt werden, was in vielen Zimmern aber nicht möglich ist. In der Regel reichen die Netze, die in den Zimmern vorhanden sind jedoch aus, Risse und Löcher können leicht mit einem Stück Ducktape geschlossen werden.

Wer trotzdem ein Moskitonetz mitnehmen will, sollte sich beim Kauf darüber informieren, ob das Moskitonetz für ein Zimmer oder Zelt geeignet ist und welche Befestigungsmöglichkeiten es gibt. Außerdem sollte es ein kleines Packmaß und ein geringes Gewicht haben.

Zelt

Ein leichtes kleines Zelt ist ideal für Länder wie Australien, Neuseeland, Kanada oder die USA, wo Unterkünfte oft teuer sind. In Asien oder Indien brauchst du kein Zelt, da es billige Unterkünfte gibt und Campingplätze selten oder gar nicht vorhanden sind.

Wenn du ein Zelt für deine Reise kaufen willst, solltest du beim Kauf darauf achten, dass es einfach auf- und abzubauen ist. Achte auf Größe und Gewicht und baue es vor Antritt deiner Reise ein paar Mal auf und ab.

Isomatte

Eine Isomatte brauchst du nur dann, wenn du unterwegs im Zelt schläfst. Isomatten sind leicht und auch billig nehmen aber viel Platz weg. Schläfst du nur einen Teil deiner Reise im Zelt, z.B. während einer Overland Safari von Kapstadt nach Nairobi, kannst du eine Isomatte in dem Land kaufen, in dem die Reise beginnt. In vielen großen Städten findest du Ausrüstungsläden. Über Reiseführer wie Lonely Planet oder auch Internetforen kannst du herausfinden, ob es einen Ausrüstungsladen in der Stadt gibt, in der deine Reise beginnt.

Kleidung

Die falsche Kleidung kann dazu führen, dass du Menschen in anderen Ländern beleidigst oder du dich selbst angreifbar machst. Gut gewählte Kleidung ist praktisch und kombinierbar. Achte beim Kauf deiner Kleidung darauf, dass sie bei Kälte wärmt und bei Hitze kühlt (luft- und schweißdurchlässig ist), UV-Strahlung abhält, wasserdicht ist, bequem und robust ist und deine Bewegungsfreiheit nicht einschränkt, einfach zu waschen ist und schnell trocknet.

Helle Kleidung reflektiert Sonnenstrahlen stärker als dunkle Kleidung, aber, Schmutz ist eher zu sehen. Dunkle Kleidung hat den Vorteil länger sauber auszusehen, reflektiert aber die Sonnenstrahlen nicht so gut. Kleidung mit verschiedenen Mustern versteckt Schmutzflecke und Falten.

Kleide dich in alle Klimazonen nach dem Zwiebelprinzip:

Die 1. (unterste) Schicht sollte luft- und schweißdurchlässig sein.
Die 2. Schicht sollte wärmen (z.B. Fleece).
Die 3. Schicht sollte wärmen.
Die 4. Schicht sollte winddicht und wasserabweisend sein.

In vielen Ländern kannst du billig Reisebekleidung kaufen. Wenn du deine Reise in Indien oder Thailand beginnst, lohnt es sich einen Teil deiner Ausrüstung dort zu kaufen. Dadurch kannst du viel Geld sparen. Legst du wert auf Qualität, kaufe deine Sachen unbedingt zu Hause. Unterwegs wirst du für gute Qualität einen ähnlichen Preis bezahlen. Im Reiseland lohnt es sich nur billige T-Shirts, Tops, Shorts, Röcke, Sarongs, Flipflops und Ähnliches zu kaufen.

Das waren die wichtigsten Ausrüstungsteile für deine Weltreise. Ob du andere Produkte wirklich brauchst, findest du heraus, indem du dich fragst, in welchen Situationen du das Produkt brauchst. Brauchst du es täglich oder nur im Notfall? Ist es im Notfall wichtig, um zu überleben? Gibt es Alternativen?

Der perfekt gepackte Rucksack

Packen ist eine Kunst. Wer versucht alles so schnell wie möglich in den Rucksack zu stopfen merkt bald, dass es so nicht funktioniert. Hier ist ein bewährter Plan, der dir bei der Vorbereitung und dem Packen deines Rucksacks helfen soll:

1. Lege deine Ausrüstung bereit

Lege alles, was du mitnehmen möchtest auf dein Bett.

2. Sortiere deine Ausrüstung

Mach drei Haufen auf deinem Bett:

Der erste Haufen ist für alles, was unverzichtbar für deine Reise ist (Reisepass, Geld, Flugtickets, usw.)

Der zweite Haufen ist für alles, was wichtig ist, um mobil und gesund zu bleiben (Wanderschuhe, Reiseapotheke, usw.)

Der dritte Haufen ist für alles, was du mitnehmen möchtest und weder unverzichtbar noch wichtig ist (Mp3-Player, Buch, usw.).

3. Verringere das Gewicht

Dazu hast du drei Möglichkeiten:

Weglassen

Schau dir deine Haufen an, besonders den dritten Haufen. Was brauchst du von diesen Haufen nicht? Was kannst du von diesen Haufen zu Hause lassen? Unterwäsche für 3 Wochen kann auf Unterwäsche für 1 Woche reduziert werden. Du kannst unterwegs waschen, entweder mit der Hand oder im Waschsalon. Du möchtest drei Bücher mitnehmen? Nimm ein Buch und tausche es unterwegs mit anderen Reisenden. Wenn du am Anfang deiner Reise für einige Zeit in eine warme Region fährst und danach in eine kalte Gegend, verzichte auf zu viele warme Sachen. Du kannst sie später kaufen oder dir schicken lassen.

Reduzieren

Ersetze Verpackungen wie z.B. Pappschachteln von Medikamenten mit kleinen wiederverschließbaren Beuteln (Beipackzettel unbedingt aufheben). Produkte wie Haarwäsche müssen nicht in einer großen Flasche sein. Kauf eine kleine Flasche oder fülle das Produkt um. Unterwegs kannst du dir regelmäßig Nachschub kaufen.

Verteilen

Du verreist mit einem Freund oder einer Freundin? Zahnpasta, Kamera, Bücher, usw. könnt ihr beide benutzen. Macht eine Liste und teilt diese Dinge unter euch auf.

So, jetzt bist du soweit und kannst zum Test deinen Rucksack packen. Dein gepackter Rucksack sollte nicht mehr als ein Viertel deines Körpergewichtes wiegen. Wenn du also 60 Kg wiegst, sollte dein Rucksack nicht schwerer als 15 Kg sein. Außerdem darf dein Rucksack nicht mehr als drei Viertel gefüllt sein. Was machst du mit Souvenirs und anderen Andenken, wenn dein Rucksack schon vor der Reise bis zum Rand gefüllt ist?

Tipps:

- Schwere Dinge, nah an den Körper und oben in den Rucksack packen.

- T-Shirts, Hosen, Röcke, usw. rollen und zum Ausfüllen von Ecken und Ritzen nutzen. Das vermeidet auch, wenn richtig gemacht, die Bildung von Falten.

- Hast du einen Trekkingrucksack, lege zum Schluss dein Handtuch oben drauf. Das bedeckt alles und du kannst so einfach den Strick zusammenziehen, ohne dass etwas herausragt.

Fertig?

Wenn dein Rucksack zu schwer oder zu voll ist, gehe zurück zu Schritt 2.

So, dein Rucksack ist gepackt, er wiegt ca. 10 bis 15 Kg und ist nicht bis zum Rand voll? Super. Setz ihn auf und drehe ein paar Runden in deiner Wohnung. Wie fühlt sich das an? Ist er so schwer, dass du schon nach kurzer Zeit außer Atem bist, oder kannst du locker durch deine Wohnung laufen? Bist du schon nach kurzer Zeit außer Atem, solltest du noch ein paar Dinge zu Hause lassen. Unterwegs wirst du mit deinem Rucksack regelmäßig längere Strecken zurücklegen.

Wenn du jetzt schon nach ein paar Minuten außer Atem bist, wird eine längere Strecke zur Qual werden.

Zum Schluss solltest du deinen Rucksack noch optimieren. Viele Rucksäcke sehen ähnlich aus. Dadurch kann es leicht zu Verwechslungen kommen. Durch Aufkleber, Bändchen, usw. kannst du deinen Rucksack individuell machen. Wähle eine außergewöhnliche Farbkombination oder etwas Seltenes. Viele Reisende wählen ein rotes Band, stellen am Flughafen jedoch fest, dass viele Andere dieselbe Idee hatten.

Working Holidays

Wenn dein Geld nicht reicht, um deine Reise zu finanzieren, kannst du während deiner Reise arbeiten und dadurch deine Reisekasse aufbessern. Du bekommst außerdem die Möglichkeit das Land, die Menschen und die Kultur aus einem anderen Blickwinkel zu erleben und neue Leute kennenzulernen.

Eine unbefristete Arbeitsstelle im außereuropäischen Ausland zu finden ist schwer, befristete Jobs im Hotel- und Gaststättengewerbe sind in vielen Ländern jedoch relativ leicht zu bekommen. Typische Backpacker Jobs sind: Küchenhilfe, Kellner, Erntehelfer oder Putzhilfe.

In den meisten Ländern ist arbeiten ohne eine gültige Arbeitsgenehmigung nicht erlaubt. Um jungen Menschen die Möglichkeit zu geben legal in einem Land zu arbeiten und zu reisen, wurden zwischen Deutschland und verschiedenen Ländern, Working Holiday Abkommen geschlossen. Diese Working Holiday Programme erlauben dir für maximal ein Jahr in dem jeweiligen Land zu arbeiten. Länder, für die du ein Working Holiday Visum beantragen kannst, sind:

Australien

Das Working Holiday Visum für Australien gilt für 12 Monate ab dem Tag der Einreise. Es berechtigt dich zu mehrmaligen Einreisen, die Gültigkeit verlängert sich jedoch nicht. Das Visum kann um 12 Monate in Australien verlängert werden, wenn du mit dem ersten Working Holiday Visum mindestens 3 Monate als Erntehelfer in ländlichen Gebieten gearbeitet hast.

Wenn du noch kein Working Holiday Visum hattest, 18 bis einschließlich 30 Jahre alt bist, die deutsche Staatsbürgerschaft, keine Kinder und mindestens 5000 AU-Dollar hast, kannst du ein Working Holiday Visum beantragen.

Ausnahme: Wer nachweislich während des ersten Aufenthaltes mit einem Working Holiday Visum mindestens 3 Monate als Erntehelfer in ländlichen Gebieten (alle Gebiete Australiens, außer: Sydney, Newcastle, Wollongong, NSW Central Coast, Brisbane, Goldcoast, Perth, Melbourne, ATC Canberra) gearbeitet hat, kann ein zweites Working Holiday Visum beantragen.

Das erste Working Holiday Visum muss außerhalb Australiens beantragt werden. Die Beantragung ist nur online möglich. Das Visum wird elektronisch erteilt. In der Regel erhältst du innerhalb von zwei Werktagen eine E-Mail mit dem Antragsergebnis. Dein Visum wird im Computer der Einreisebehörde gespeichert. Du musst innerhalb von 12 Monaten ab dem Tag der Ausstellung in Australien einreisen.

Bei der Ankunft in Australien wird dein Reisepass gescannt und der Offizier erkennt, dass du ein Working Holiday Visum hast. Zur Sicherheit empfiehlt es sich, die Bestätigung dabei zu haben. Nach deiner Ankunft musst du ein Büro der Einwanderungsbehörde aufsuchen, die dir das Working Holiday Visum in den Reisepass klebt. Wenn du über den Flughafen in Sydney einreist, bekommst du sofort deinen Aufkleber in den Reisepass. Nach der Einreise wirst du zum Visa Label Desk geschickt, wo du den Aufkleber bekommst.

Mit dem Working Holiday Visum kannst du fast jeden Job annehmen (z.B. Erntehelfer, Marktforscher, Zimmermädchen oder Kellner) darfst jedoch nicht länger als 3 Monate bei einem Arbeitgeber arbeiten. Seit Juli 2006 ist es erlaubt, bis zu 6 Monaten bei einem Arbeitgeber zu arbeiten. Das gilt aber nur für Visa, die ab 01. Juli 2006 ausgestellt worden sind.

Das zweite Working Holiday Visum

Wer schon mit einem Working Holiday Visum in Australien war und dort nachweislich mindestens 3 Monate als Erntehelfer in ländlichen Gebieten (alle Gebiete Australiens außer: Sydney, Newcastle, Wollongong, NSW Central Coast, Brisbane, Goldcoast, Perth, Melbourne, ATC Canberra) gearbeitet hat, kann seit November 2005 ein zweites Working Holiday Visum beantragen. Der Antrag kann innerhalb Australiens gestellt werden. Seit Mai 2005 gibt es ein Formular, dass vom Arbeitgeber ausgefüllt werden muss. Wer vor Mai 2006 gearbeitet hat, kann die Lohnabrechnung als Nachweis nehmen. Wer keinen Nachweis erbringen kann, bekommt kein zweites Visum. Die Altersgrenze ist wie beim ersten Visum 30 Jahre. Wer bereits 31 Jahre alt ist, bekommt kein zweites Working Holiday Visum.

Mehr Infos auf www.germany.embassy.gov.au

Neuseeland

Das Working Holiday Visum für Neuseeland gilt für 12 Monate ab dem Tag der Einreise. Das Visum berechtigt dich zu mehrmaligen Einreisen, die Gültigkeit des Visums verlängert sich jedoch nicht. Wenn du 18 bis einschließlich 30 Jahre alt bist, die deutsche Staatsbürgerschaft, keine Kinder und mindestens 4200 NZ-Dollar hast und auch noch kein Working Holiday Visum für Neuseeland hattest, kannst du am Working Holiday Programm teilnehmen. Das Visum muss außerhalb Neuseelands beantragt werden. Die Beantragung bei der Botschaft ist nicht mehr möglich, das Visum kann nur noch online beantragt werden. Du hast ab dem Tag der Ausstellung 12 Monate Zeit, um nach Neuseeland zu reisen. Dort kannst du fast jeden Job annehmen und bis zu einem Jahr beim selben Arbeitgeber arbeiten.

Mehr Infos auf www.nzembassy.com

Kanada

Das Working Holiday Visum für Kanada gilt ab dem Tag der Einreise für 12 Monate. Das Visum berechtigt dich zu mehrmaligen Einreisen, die Gültigkeit des Visums verlängert sich jedoch nicht. Wer ein Working Holiday Visum für Kanada beantragen will, muss bei der Beantragung 18 bis einschließlich 35 Jahre alt sein, die deutsche Staatsbürgerschaft, keine Kinder und mindestens 3000 Euro haben sowie im Besitz eines einwandfreien polizeilichen Führungszeugnisses sein. Auch für Kanada gibt es nur einmal im Leben ein Working Holiday Visum. Hattest du noch keins, kannst du eins beantragen.

Die Anzahl der Working Holiday Visa für Kanada ist stark limitiert. Um ein Visum zu bekommen, musst du es so zeitig wie möglich beantragen. Eine Online-Beantragung ist zurzeit noch nicht möglich. Ab dem Tag der Ausstellung hast du 12 Monate Zeit, um nach Kanada zu reisen. Dort darfst du fast jeden Job annehmen.

Mehr Infos auf www.kanada-info.de

Japan

Auch für Japan kannst du ein Working Holiday Visum beantragen, wenn du noch keins hattest. Voraussetzungen sind die deutsche Staatsbürgerschaft, ein Alter zwischen 18 bis einschließlich 25 Jahre, in Ausnahmefällen auch bis 30 Jahre zum Zeitpunkt der Beantragung, keine Kinder, ein Nachweis über finanzielle Mittel von ca. 2000 Euro, ein gültiges Rückflugticket und eine Reisekrankenversicherung. Eine Online-Beantragung ist noch nicht möglich. Ab dem Tag der Ausstellung hast du 12 Monate Zeit, um nach Japan zu reisen. Dort darfst du fast jeden Job annehmen.

Mehr Infos www.de.emb-japan.go.jp

USA

Die USA hat kein Working Holiday Abkommen mit Deutschland. Dennoch ist es möglich in den USA als Au Pair, Ferienjobber oder Praktikant zu arbeiten. Dazu benötigst du ein Austauschbesuchervisum (J-Visum). Um ein J-Visum zu bekommen, musst du ein DS-2019 Formular bei der US-Botschaft vorlegen. Dieses Formular kann jedoch nur von bestimmten Organisationen vergeben werden.

Mehr Informationen zum Austauschbesuchervisum findest du auf www.us-botschaft.de

Mit oder ohne Organisation?

Vor ein paar Jahren gab es noch relativ wenig Informationen zum Thema Arbeiten und Reisen. Wer in einem anderen Land arbeiten wollte, beauftragte eine Organisation, die bei der Beschaffung des Visums und anderer notwendiger Dokumente behilflich war.

Heute ist es möglich, im Internet alle Visa und wichtigen Dokumente selbst zu beantragen. Auf Portalen, in Foren und Chats kann man sich mit Gleichgesinnten austauschen und sogar Jobs bekommen. Viele Leute fragen sich also, ob es sich noch lohnt, mit einer Organisation ins Ausland zu gehen.

Organisationen, wie TravelWorks oder STEP IN, sind in der Regel ca. 200 bis 300 Euro teurer als eine selbst organisierte Reise. Dafür bekommst du in Deutschland und im Reiseland einen Ansprechpartner, der alle offenen Fragen beantwortet und bei Problemen behilflich ist. Außerdem hilft die Organisation bei der Beschaffung des Visums, der Eröffnung eines Bankkontos, der Beantragung einer Steuernummer, usw. Wenn du also mit einer Organisation ins Ausland gehst, brauchst du dich vor deiner Reise, um fast nichts zu kümmern. Auch nach der Ankunft im Reiseland wirst du gut versorgt. Der Flughafentransfer, eine Orientierungstour in der neuen

Stadt und die Unterbringung in einem Hostel sind oft im Preis enthalten und werden von der Organisation geregelt.

Eine Organisation ist also gut und nützlich, wenn du nicht viel Zeit mit der Vorbereitung deines Auslandsaufenthaltes verbringen und bei Problemen einen Ansprechpartner haben möchtest.

Organisierst du deine Reise selbst, wirst du auch im Reiseland mit kleinen oder großen Problemen besser zurechtkommen, als jemand der mit einer Organisation im Land ist, da du dich bereits durch die Reisevorbereitung gut über das Land informiert hast.

Viele junge Menschen, die mit einer Organisation ins Ausland gehen, sind sich unsicher und denken, dass sie allein nicht in der Lage sind, so eine Reise zu organisieren. Umfragen haben jedoch ergeben, dass die meisten Leute der Meinung sind, dass sie in der Lage gewesen wären, die Reise selbst zu organisieren. Im Zeitalter des Internets ist es so einfach wie nie, Arbeitsvisa zu beantragen und Bankkonten zu eröffnen. Wenn du dir trotzdem unsicher bist und auf einen Ansprechpartner im Reiseland nicht verzichten möchtest, sollte das dich aber nicht davon abhalten, deine Reise über einer Organisation zu buchen.

Reiseversicherung

Welche Reiseversicherung brauche ich?

Die ideale Reiseversicherung ist individuell auf dich zugeschnitten und bezieht sich auf Alter, Reiseziele und Reisedauer. Auch wenn die Suche nach der idealen Versicherung oft anstrengend und zeitraubend ist, solltest du gut recherchieren und Preise vergleichen, bis du das beste Angebot findest. Welche Reiseversicherungen es gibt und welche du brauchst, erfährst du hier:

***** unbedingt   * eventuell

Reisekrankenversicherung *****

Eine Reisekrankenversicherung ist nicht billig. Deshalb reisen viele Menschen ohne Versicherung ab. Wer sich jedoch keine Reisekrankenversicherung leisten kann, kann sich erst recht nicht die Kosten für einen eventuellen Arztbesuch oder Krankenhausaufenthalt im Ausland leisten. Die Reisekrankenversicherung ist die wichtigste Reiseversicherung, die du brauchst. Die Leistungen der Versicherungsgesellschaften sind meistens ähnlich. Die Versicherung übernimmt die Kosten ambulanter und stationärer Behandlungen sowie einen medizinisch notwendigen Rücktransport. Unterschiede gibt es bei der Arztwahl. Viele Versicherer bestehen darauf, dass sich der Versicherte von bestimmten Ärzten bzw. in bestimmten Krankenhäusern behandeln lässt, andere bieten eine freie Arztwahl.

Gesetzliche Krankenkassen
Der Versicherungsschutz für Auslandsaufenthalte liegt bei maximal 6 Wochen. Die gesetzlichen Krankenkassen übernehmen jedoch die Behandlungskosten im außereuropäischen Ausland nicht und im europäischen Ausland nur zum Teil. Auch ein medizinisch notwendiger Rücktransport wird von den gesetzlichen Kassen nicht bezahlt.

Private Krankenkassen

Private Krankenkassen übernehmen zwar in der Regel die Behandlungskosten im Ausland aber der Versicherungsschutz gilt oft nur für einen bestimmten Zeitraum, meistens 6 Wochen. Überprüfe deinen Vertrag.

Egal ob du gesetzlich oder privat versichert bist, du solltest unbedingt eine private Reisekrankenversicherung abschließen.

Reisehaftpflichtversicherung *
(ohne private Haftpflicht ****)

Wenn du einen anderen Menschen oder dessen Eigentum schädigst, bist du verpflichtet, diesen Schaden zu ersetzen. Dies kann im schlimmsten Fall Millionen kosten. Besonders in den USA ist die Gefahr groß, dass eine geschädigte Person Schadensersatz fordert. Hast du nicht vorsätzlich gehandelt, kommt in diesem Fall die private Haftpflichtversicherung für die Kosten auf.

Hast du bereits eine private Haftpflichtversicherung prüfe, ob sie Auslandsreisen abdeckt. Tut sie das, brauchst du keine Reisehaftpflichtversicherung extra abschließen. Besteht kein Versicherungsschutz für das Ausland oder für den Fall, dass du keine private Haftpflichtversicherung hast, solltest du unbedingt eine Reisehaftpflichtversicherung abschließen.

Reiserücktrittskostenversicherung ***

Wenn du deine Reise stornierst, fallen oft hohe Stornogebühren an. Die Reiserücktrittskostenversicherung übernimmt diese Stornogebühren, wenn du deine Reise aus wichtigen Gründen nicht antreten kannst. In der Regel sind eine unerwartet schwere Krankheit des Reisenden oder eines nahen Verwandten, eine Impfunverträglichkeit, ein Einbruch oder ein Brand in der Wohnung, anerkannte Gründe für die Stornierung einer Reise.

Die Reiserücktrittskostenversicherung ist kein Muss, aber sinnvoll, wenn du lange im Voraus buchst oder die Kosten für die Reise sehr hoch sind. Reiserücktrittskostenversicherungen sind nicht billig. Vergleiche die Kosten der Versicherungen mit den eventuellen Stornogebühren um eine Entscheidung zu treffen.

Reiseabbruchversicherung ***

Wenn du deine Reise aus einem wichtigen Grund abbrechen musst, übernimmt die Reiseabbruchversicherung die Kosten für zusätzliche Reisekosten oder nicht genutzte Reiseleistungen. Gründe können ein Unfall, eine schwere Erkrankung, eine Impfunverträglichkeit oder eine Erkrankung eines nahen Angehörigen sein.

Eine Reiseabbruchversicherung kann ohne eine Reiserücktrittsversichrung abgeschlossen werden, wird aber meist zusammen mit einer Reiserücktrittsversicherung angeboten. Auf langen Reisen kann eine Reiseabbruchversicherung durchaus sinnvoll sein. Auch hier solltest du die Kosten der Versicherung mit den eventuell anfallenden Kosten vergleichen, um eine Entscheidung zu treffen.

Reisegepäckversicherung **

Die Reisegepäckversicherung übernimmt die Kosten, wenn dein Gepäck beschädigt oder gestohlen wird. Je nach Versicherungsgesellschaft gelten unterschiedliche Höchstgrenzen.

Im Versicherungsfall musst du nachweisen, dass du sorgfältig auf das Gepäck geachtet hast. Kannst du das nicht, wird es schwierig, das Geld von der Versicherung erstattet zu bekommen.

Reisegepäckversicherungen sind teuer und lohnen sich in der Regel nicht für Backpacker, die meist mit wenig Gepäck und billig gekauften Kleidungstücken aus Indien oder Thailand reisen. Eine Hausratversicherung deckt oft Raub- und Einbruchdiebstahl auch im Urlaub in verschlossenen Räumen ab. Prüfe jedoch die Versicherungsbedingungen.

Reiseunfallversicherung *

Führt ein Unfall während deiner Reise bei dir zu einer dauerhaften Schädigung, zahlt die Reiseunfallversicherung eine Entschädigung, nach dem Grad der Beeinträchtigung, an dich. Die Behandlungskosten werden in der Regel von der Reisekrankenversicherung übernommen und nicht von der Reiseunfallversicherung.

Eine Reiseunfallversicherung ist sinnvoll, wenn du während deiner Reise Extremsportarten wie Fallschirmspringen oder Wildwasserrafting machst, besser ist jedoch eine private Unfallversicherung. Die private Unfallversicherung schützt dich auf Reisen, im Beruf und in der Freizeit.

Prüfe vor dem Abschluss der Versicherung, welche Aktivitäten versichert sind. Nicht alle Reiseunfallversicherungen versichern Extremsportarten.

Assistance-Versicherung *

Eine Assistance-Versicherung ist eine Ergänzung zur Reiseversicherung und kümmert sich um alles, was im Schadensfall vor Ort zu erledigen ist. Ein Ansprechpartner beschafft Informationen, organisiert die Rückreise, kümmert sich um neue Papiere, usw.

Der Abschluss einer Assistance-Versicherung ist nur dann sinnvoll, wenn dir eine Schadensabwicklung ohne großen Aufwand wichtig ist.

Grundsätzlich solltest du vor dem Abschluss einer Reiseversicherung das Kleingedruckte lesen und erst unterschreiben, wenn du wirklich alles verstanden hast.

Krankenversicherung nach der Rückkehr

Überprüfe vor Antritt deiner Reise die Möglichkeiten einer Weiterversicherung oder Wiederaufnahme in der Krankenkasse nach deiner Rückkehr.

Möglichkeiten für eine Versicherung nach deiner Rückkehr:

- Rückkehr in die Familienversicherung, wenn du unter 23 Jahre alt bist und familienversichert warst. Wirst du während deines Auslandaufenthaltes 23 Jahre alt, kannst du nicht zurück in die Familienversicherung.

- Wenn du gesetzlich versichert bist, solltest du eine Anwartschaft (ruhende Mitgliedschaft) beantragen. Du zahlst während deiner Reise einen geringen Beitrag an die Kasse, darfst jedoch keine Leistungen in Anspruch nehmen. Nach deiner Rückkehr kommst du aber wieder in die gesetzliche Krankenkasse. Nicht alle Kassen bieten eine Anwartschaft an, lass dich entsprechend beraten und wechsel eventuell die Krankenkasse.

- Privatversicherte Personen können eine Anwartschaftsversicherung abschließen. Der Abschluss einer privaten Anwartschaftsversicherung berechtigt dich, nach deiner Rückkehr ohne Gesundheitsprüfung wieder versichert zu werden.

Gesundheit

Niemand ist gerne krank, erst recht nicht in einem fremden Land. Informiere dich deshalb vor deiner Reise über landesspezifische Krankheiten und wie du dich vor ihnen schützen kannst.

Die Informationen in diesem Buch ersetzen nicht das Gespräch mit deinem Hausarzt. Vor allem Patienten mit bestehenden bzw. chronischen Krankheiten und Allergien sollten sich unbedingt vor Antritt ihrer Reise medizinisch beraten lassen.

Über notwendige Impfungen solltest du dich mindestens 4 Monate vor deiner Abreise informieren. Erster Anlaufpunkt sollte dein Hausarzt sein, aber auch das Tropeninstitut kann dich beraten. Mit dem Impfprogramm sollte mindestens 2 Monate vor Abreise begonnen werden, da einige Impfungen über mehrere Wochen gegeben werden müssen. Wenn du zu deiner Impfberatung gehst, wird ein Impfplan erstellt, der sich nach dem Reiseziel, der Reisedauer und Art der Reise richtet. Bitte deinen behandelnden Arzt, alle Impfungen, die du bekommen hast, in den Impfausweis einzutragen. Das ist besonders wichtig für die Gelbfieberimpfung. Einige Länder setzten eine Gelbfieberimpfung voraus, um die Einreise ins Land zu gewähren.

Lass dich rechtzeitig vor deiner Abreise noch einmal gründlich von deinem Hausarzt und Zahnarzt untersuchen, sodass eventuelle Behandlungen vor Reiseantritt abgeschlossen werden können. Trägst du eine Brille oder Kontaktlinsen, solltest du außerdem einen Termin bei deinem Augenarzt oder Optiker machen.

Wenn du eine chronische Krankheit hast, solltest du genügend Medikamente für die Dauer deiner Reise mitnehmen. Notiere dir die Markennamen sowie die chemischen Namen der Medikamente. Das Gleiche gilt für Allergiker. Wenn du weißt, dass du auf etwas allergisch reagierst, nimm alle nötigen Medikamente mit auf deine Reise. Asthmatiker sollten extra Inhalierer mitnehmen. Beachte das Haltbarkeitsdatum. Bitte deinen Arzt um eine Bescheinigung in verschiedenen Sprachen (Deutsch und Englisch und je nach Reiseland, eventuell Spanisch und/oder Französisch) auf der steht warum und welche Medikamente du einnehmen musst. Damit kannst du Problemen an Flughäfen und Grenzen vorbeugen. Bist du gegen ein bestimmtes Medikament allergisch und hast noch kein Armband, dass darauf hinweist, besorge dir eins vor deiner Abreise.

Potentielle Erkrankungen

Vor diesen Krankheiten musst du dich auf deiner Reise schützen. Die Liste der nachfolgenden Krankheiten ist bei weitem nicht erschöpft. Die hier aufgeführten Krankheiten sind bekannte Krankheiten, die häufig bei Reisenden auftreten, aber auch weniger bekannte Krankheiten, die gefährlich sind, vor denen du dich aber leicht schützen kannst. Auch wenn viele ernsthafte Erkrankungen dabei sind, sollten diese Krankheiten dich nicht davon abhalten, die Welt zu entdecken. Vor vielen Krankheiten kannst du dich durch Impfungen schützen. Gegen Krankheiten, für die es noch keine Impfungen gibt, kannst du dich in der Regel gut Schützen, indem du auf Körper- und Nahungshygiene sowie Schutz vor Mückenstichen achtest.

Im Flugzeug

Flugthrombose

Durch die beengte Sitzposition und den Bewegungsmangel im Flugzeug wird die Entstehung von Thrombosen (Blutgerinnsel) begünstigt. Das Abknicken des Knies und der Leiste behindert den Blutstrom. Der Rückfluss des venösen Blutes wird eingeschränkt. Die geringe Luftfeuchtigkeit und der geringe Luftdruck im Flugzeug verdicken das Blut. Diese Faktoren begünstigen das Entstehen von Blutgerinnseln. Einige Blutgerinnsel lösen sich unbemerkt im Körper wieder auf. Löst sich jedoch ein Gerinnsel, kann es vom Bein ins Herz und in die Lunge wandern und ein Gefäß verstopfen. Das kann lebensgefährlich werden.

Ältere Menschen, Raucher, Schwangere, Übergewichtige, Menschen mit Blutgerinnungsstörungen, Menschen mit Krampfadern, Frauen, die die Pille nehmen, frisch operierte Patienten und Menschen, die schon einmal Thrombose hatten, haben ein erhöhtes Thromboserisiko.

Durch regelmäßiges Aufstehen und Laufen, Gymnastikübungen und ausreichendes Trinken (z.B. Saft, Tee, stilles Mineralwasser) kannst du der Flugthrombose vorbeugen. Wer zur Risikogruppe gehört, sollte Thrombose-Strümpfe tragen.

Jetlag
Jetlag tritt auf, wenn ein Reisender bei einem Flug mehr als fünf Zeitzonen überquert. Je mehr Zeitzonen überflogen werden, desto intensiver der Jetlag. Flüge in Richtung Osten belasten den Körper mehr als Flüge in Richtung Westen. Typische Beschwerden sind Schlafstörungen, Tagesmüdigkeit und ein allgemeines Unwohlgefühl. Du kannst dem Jetlag vorbeugen, indem du ausgeruht ins Flugzeug steigst, viel Wasser trinkst, auf Alkohol und Koffein verzichtest und dich sofort an die Tageszeit und den Lebensrhythmus am Zielort anpasst. Bei einem Flug in Richtung Westen solltest du kurze Nickerchen halten, bei einem Flug in Richtung Osten solltest du versuchen durchzuschlafen.

Unterwegs

Reisedurchfall
Reisedurchfall ist die häufigste Erkrankung unter Reisenden. Etwa 20% aller Reisenden erkranken während eines Aufenthaltes in Asien an einer Infektion mit der Begleiterscheinung Durchfall. In Südamerika sind es 30%, in Afrika 50% und in Indien sogar fast 80%. Die

Erreger werden fast immer über fäkal-kontaminiertes Wasser oder Nahrungsmittel aufgenommen.

Die häufigsten Beschwerden bei Durchfall sind wässriger oder breiiger Stuhl, mit mehr als drei Stuhlgängen pro Tag, krampfartige Bauchschmerzen und Stuhldrang, Übelkeit mit Erbrechen, Blähungen und Fieber.

Da Durchfall meist innerhalb einiger Tage von selbst vorübergeht, werden in der Regel nur die Beschwerden behandelt. Dabei ist es besonders wichtig, den Verlust von Wasser und Salzen zu ersetzen. Großer Wasserverlust, durch den dünnen Stuhl, führt schnell zur Austrocknung des Körpers. Deshalb ist es wichtig, mindestens 3 bis 4 Liter Wasser täglich zu trinken. Bessert sich das Befinden nach spätestens 4 Tagen nicht, sollte ein Arzt aufgesucht werden.

Sexuell übertragbare Krankheiten
Beim ungeschützten Geschlechtsverkehr können HIV, Hepatitis B, Syphilis, Herpes genitales, Chlamydien, Pilze, Krätze und Filzläuse übertragen werden. Die Infektionsrate von Prostituierten in Afrika und Südostasien liegt bei über 85%. Aber nicht nur Prostituierte können infiziert sein. Ungeschützter Geschlechtsverkehr mit Einheimischen oder anderen Reisenden kann zu Geschlechtskrankheiten führen. Kondome bieten Schutz. In vielen Ländern gibt es jedoch keine Kondome. Deshalb undbedingt welche mitnehmen.

Malaria
Vorkommen: Afrika, Indischer Subkontinent, Asien, Mittel- und Südamerika.
Ansteckung/Übertragung: Durch den Stich der weiblichen Anophelesmücke.
Krankheit: Infektionskrankheit, die durch Plasmodien (einzellige Organismen) hervorgerufen wird. Es gibt vier verschiedene Krankheitsarten. Die gefährlichste (Falciparum) kann zu Organversagen und Gehirnschäden bis hin zum Tod führen. Malaria ist heilbar, wenn sie rechtzeitig erkannt und behandelt wird.

Symptome: Fieberschübe, Kopf- und Gliederschmerzen, Schüttelfrost, Schweißausbrüche, allgemeines Krankheitsgefühl. Die Inkubationszeit beträt ca. 1 Woche, kann je nach Typ aber bis zu mehreren Wochen oder Monaten, sogar Jahren dauern.
Behandlung: Medikamentös. Die Wahl der Medikamente richtet sich nach dem Erreger.
Prophylaxe: Schutz vor Mückenstichen sowie Chemoprophylaxe. Alle Tabletten bis zum Ende des Kurses einnehmen.

Dengue Fieber
Vorkommen: Asien, Indischer Subkontinent, Afrika, Mittel- und Südamerika.
Ansteckung/Übertragung: Durch Stechmücken. Die Inkubationszeit beträgt ca. 3 bis 14 Tage.
Krankheit: Virusinfektion.
Symptome: Grippeartige Beschwerden, hohes Fieber bis 40°C, Kopf-Muskel- und Gelenkschmerzen, Hautausschlag. (Verläuft in der Regel komplikationslos.) Die ernste Form, das hämorrhagische Dengue Fieber, kann zu Blutungen, Schock und Tod führen.
Behandlung: Behandelt werden können die Symptome (Fieber und Schmerzen) mit Paracetamol, viel Trinken und Ruhe. Bei der ernsten Form ist eine ärztliche Behandlung in einem Krankenhaus notwendig.
Prophylaxe: Schutz vor Mückenstichen. Es gibt keinen Impfstoff.

Shigellose (Bakterielle Ruhr)
Vorkommen: Weltweit.
Ansteckung/Übertragung: Auf fäkal-oralem Weg, durch Kontakt von Mensch zu Mensch oder verunreinigtes Trinkwasser oder Lebensmittel.
Krankheit: Bakterielle Durchfallkrankheit.
Symptome: Fieber, Übelkeit, Erbrechen, Leibschmerzen. Blutige oder wässrige Durchfälle. Die Inkubationszeit beträgt ca. 14 Tage.
Behandlung: Antibiotika.
Prophylaxe: Körper- und Nahrungsmittelhygiene.

Cholera

Vorkommen: Asien, Indischer Subkontinent, Afrika, Mittel- und Südamerika.

Ansteckung/Übertragung: Durch Trinkwasser oder Lebensmittel die durch Fäkalien verunreinigt sind. Die Inkubationszeit beträgt ca. 2 bis 3 Tage.

Krankheit: Bakterielle Durchfallkrankheit.

Symptome: Brechanfälle, flüssiger Durchfall.

Behandlung: Antibiotika, Substitution der Wasser- und Elektrolytverluste.

Prophylaxe: Nahrungsmittelhygiene. Eine Impfung wird nicht mehr empfohlen.

Hepatitis A

Vorkommen: Weltweit, besonders in Asien, Afrika, Mittel- und Südamerika, Indischer Subkontinent.

Ansteckung/Übertragung: Durch Trinkwasser oder Lebensmittel die durch Fäkalien verunreinigt sind. Die Inkubationszeit beträgt ca. 2 bis 7 Wochen.

Krankheit: Entzündung der Leber.

Symptome: Leichtes Fieber, Übelkeit, Erbrechen, Appetitverlust, Druckschmerz im rechten Oberbauch, nach einer Woche: Gelbsucht, dunkler Urin, heller Stuhl. Zwei Drittel der Infektionen verlaufen ohne Symptome.

Behandlung: Es gibt keine Therapie. Nur die Symptome können behandelt werden. Alkoholverbot.

Prophylaxe: Eine Impfung bietet ein Jahr Schutz, eine zweite Impfung innerhalb dieses Jahres erhöht den Schutz auf 10 Jahre. Mindestens 14 Tage vor Reisantritt impfen lassen.

Hepatitis B

Vorkommen: Weltweit, besonders in Afrika, Asien und Südamerika.

Ansteckung/Übertragung: Über Körperflüssigkeiten (z.B. Blut oder Sperma).

Krankheit: Entzündung der Leber. Die Inkubationszeit beträt ca. 1 bis 6 Monate.

Symptome: Leichtes Fieber, Übelkeit, Erbrechen, Appetitverlust, später Gelbsucht, dunkler Urin, heller Stuhl. Zwei Drittel der Infektionen verlaufen ohne Symptome.

Behandlung: Es gibt keine Therapie. Nur die Symptome können behandelt werden. Alkoholverbot.

Prophylaxe: Geschützter Geschlechtsverkehr. Impfung für Risikogruppen.

Japanische Enzephalitis

Vorkommen: Asien, Indischer Subkontinent.

Ansteckung/Übertragung: Durch den Stich einer Mücke.

Krankheit: Schwere Virusinfektion. Die Inkubationszeit beträgt ca. 1 bis 2 Wochen.

Symptome: Bei 95% von gesunden und jungen Menschen treten nur leichte Symptome, wie Kopfschmerzen und leichtes Fieber auf, die Krankheit heilt ohne Folgen aus. Kinder, Jugendliche und ältere Menschen: Symptome ähnlich denen einer Grippe, Übelkeit, Erbrechen, Durchfall, hohes Fieber, Nackensteife, Lichtempfindlichkeit, Lähmungserscheinungen, Bewusstseinsstörungen, Koma.

Behandlung: Es gibt keine Therapie. Nur die Symptome können behandelt werden. Krankenausaufenthalt.

Prophylaxe: Schutz vor Mückenstichen. Es gib einen Impfstoff, dieser ist in Deutschland jedoch nicht zugelassen.

Diphtherie

Vorkommen: GUS-Staaten, südliche Sahara.

Ansteckung/Übertragung: Tröpfcheninfektion, selten Staub- oder Schmierinfektion.

Krankheit: Bakterielle Infektion der oberen Atemwege. Die Inkubationszeit beträgt ca. 1 bis 7 Tage.

Symptome: Abgeschlagenheit, Übelkeit, Halsschmerzen.

Behandlung: Verabreichung von Diphtherie-Antitoxin, einem Gegengift und Antibiotika, ärztliche Überwachung im Krankenhaus.

Prophylaxe: Schutzimpfungen im Kindesalter. Auffrischung aller 10 Jahre.

Gelbfieber

Vorkommen: Afrika und Südamerika.

Ansteckung/Übertragung: Durch den Stich der Gelbfiebermücke.

Krankheit: Akute, fieberhafte Virusinfektion. Die Inkubationszeit beträgt ca. 1 bis 2 Tage. Ohne Behandlung führt die Krankheit in ca. 7 Tagen zum Tod.

Symptome: Fieber, Schüttelfrost, Übelkeit, Kopf- und Gliederschmerzen. In ca. 15 % aller Fälle folgt eine zweite Krankheitsphase mit denselben Symptomen und begleitet von Gelbsucht.

Behandlung: Es gibt keine Behandlung gegen Gelbfieber. Nur die Symptome können behandelt werden.

Prophylaxe: Schutz vor Mückenstichen. Eine Impfung bietet nach 10 Tagen Schutz für 10 Jahre. Für die Einreise in bestimmte Länder ist ein Gelbfieberimpfungszertifikat Pflicht.

Wundstarrkrampf (Tetanus)

Vorkommen: Weltweit.

Ansteckung/Übertragung: Durch Tetanusbakterien, die durch eine Verletzung der Haut in den Körper gelangen.

Krankheit: Infektionskrankheit. Die Inkubationszeit beträgt ca. 3 Tage bis 3 Wochen.

Symptome: Verkrampfung der Gesichtsmuskulatur führt zu einem ständigen Lächeln, außerdem Halsschmerzen, Schluckbeschwerden, Atmungsprobleme, steifer Hals, Verkrampfung von Armen und Beinen, Kopfschmerzen, Fieber, Unruhe und Reizbarkeit.

Behandlung: Ist die Krankheit ausgebrochen, muss die Wunde ausgeschnitten werden. Sauerstoffversorgung über eine Nasensonde oder künstliche Beatmung.

Prophylaxe: Impfung. Auffrischung aller 10 Jahre.

Tuberkulose (Schwindsucht)

Vorkommen: Vorwiegend in Afrika, Südamerika, Asien, Indischer Subkontinent, GUS Staaten.

Ansteckung/Übertragung: Tröpfcheninfektion.

Krankheit: Infektionskrankheit. Die Inkubationszeit beträgt ca. 6 Wochen.

Symptome: Im Frühstadium symptomlos oder grippale Beschwerden wie Müdigkeit, Schwäche, leichtes Fieber, Appetitlosigkeit, Gewichtsabnahme und nächtliche Schweißausbrüche. 50% der Betroffenen entwickeln Husten mit Auswurf. Im fortgeschrittenen Stadium hustet der Betroffene Blut.
Behandlung: Mit Antibiotika (mindestens 6 Monate).
Prophylaxe: Eine Impfung wird nicht mehr empfohlen.

Typhus
Vorkommen: Weltweit, vor allem in Afrika, Südostasien, Südamerika und auf dem Indischen Subkontinent.
Ansteckung/Übertragung: Durch Trinkwasser oder Lebensmittel die durch Fäkalien verunreinigt sind. Die Inkubationszeit beträgt 3 bis 30 Tage (Bauchtyphus) bzw. 1 bis 10 Tage (Paratyphus).
Krankheit: Schwere Durchfallerkrankung.
Symptome: Bauchtyphus: Fieber, hellrote Flecke auf Bauch, Brust und Rücken sowie Benommenheit. Nach ca. 3 Wochen breiartiger Durchfall. Paratypus: Übelkeit, Erbrechen, wässriger Durchfall, Kopfschmerzen, Fieber, Schüttelfrost, hellrote Flecke am ganzen Körper.
Behandlung: Antibiotika.
Prophylaxe: Schutzimpfung gegen den Bauchtypus. Keine Impfung möglich gegen Paratypus. Körper- und Nahrungsmittelhygiene.

Brucellose (Morbus Bang, Mittelmeerfieber)
Vorkommen: Weltweit, hauptsächlich jedoch in Asien, Lateinamerika, Asien und Afrika sowie der Mittelmeerländer.
Ansteckung/Übertragung: Durch rohe Milchprodukte, die mit Bakterien befallen sind. Direkter Kontakt mit infizierten Tieren oder Ausscheidungen infizierter Tiere. Die Erreger gelangen über Mund, Nase, Augen oder Verletzungen der Haut oder Schleimhaut in den Körper. Die Inkubationszeit beträgt ca. 1 bis 3 Wochen.
Krankheit: Bakterielle Erkrankung.
Symptome: Kopf- und Gliederschmerzen, Müdigkeit, wellenförmig auftretendes Fieber, Übelkeit, Erbrechen, Bauchschmerzen und Durchfall. 90% aller Infektionen verlaufen leicht.
Behandlung: Antibiotika.

Prophylaxe: Rohe Milchprodukte meiden.

Schistosomiasis (Bilharziose)
Vorkommen: Afrika, Mittel- und Südamerika, Indischer Subkontinent, Südwestasien.
Ansteckung/Übertragung: Erreger sind Schistosomen (eine Saugwurmart), die sich in Süßwasser aufhalten. Bei Kontakt mit kontaminiertem Wasser dringen die Larven dieser Würmer durch die Haut des Menschen in den Körper ein. Über Lymphe und Blutgefäße wandern sie in Leber, Darm, Blase oder Milz und entwickeln sich dort zu erwachsenen Würmern. Die Inkubationszeit beträgt mehrere Monate.
Krankheit: Durch Parasiten verursachte Infektionskrankheit.
Symptome: Juckreiz und Hautausschlag an der Eintrittsstelle, der innerhalb von 2 Wochen wieder abklingt.
Behandlung: Medikamentös.
Prophylaxe: Nicht in stehenden Gewässern baden.

Kala Azar (Leishmaniose)
Vorkommen: Weltweit.
Ansteckung/Übertragung: Durch den Stich einer infizierten Sand- oder Schmetterlingsmücke.
Krankheit: Eine Krankheit, die durch einzellige Parasiten der Gattung Leishmania ausgelöst wird. Die Inkubationszeit beträgt ca. 3 bis 6 Monate.
Symptome: Fieberschübe, grippeähnliche Symptome, Übelkeit, Erbrechen, Durchfall, Lymphknotenschwellung, Bronchitis, Vergrößerung der Leber und Milz, schmerzen im Oberbauch und Gewichtsverlust. Unbehandelt führt die Krankheit zum Tod.
Behandlung: Antibiotika.
Prophylaxe: Schutz vor Mückenstichen.

Chagas-Krankheit
Vorkommen: Mittel- und Südamerika.

Ansteckung/Übertragung: Durch Raubwanzen. Der Erreger gelangt aus dem Kot der Wanzen über kleine Verletzungen in der Haut in den Körper.

Krankheit: Durch Parasiten verursachte Infektionskrankheit. Betroffen sind in erster Linie Kinder und Jugendliche. Die Inkubationszeit beträgt 1 bis 4 Wochen.

Symptome: Fieber, Durchfall, Luftnot, Bauchschmerzen, Schwellungen am Körper. Diese klingen nach ca. 4 Wochen ab. In 10 bis 20% der Fälle wird die Krankheit chronisch. Verschiedene Organe sind dann betroffen.

Behandlung: Behandlung der Symptome sowie Medikamente zur Abtötung der Parasiten.

Prophylaxe: Nicht in Stroh oder Lehmhütten Einheimischer übernachten. Insektenspray.

Flussblindheit (Onchozerkose)

Vorkommen: Tropische Gebiete Afrikas, Mittel- und Südamerika, Naher Osten.

Ansteckung/Übertragung: Durch den Stich einer Kriebelmücke.

Krankheit: Chronische Erkrankung durch Fadenwürmer. Wurmlarven werden von Kriebelmücken übertragen und entwickeln sich zu Fadenwürmern. Sie setzen sich im Unterhautgewebe fest. Es entstehen Knoten. Die Würmer haben eine lange Lebensdauer (ca. 15 Jahre) und setzen immer wieder Larven in die Knoten. Sie wandern durch den Körper bis in die Augen, was zu Blindheit führen kann. Die Inkubationszeit beträgt mehrere Wochen oder Monate.

Symptome: Juckreiz, Knoten unter der Haut (bis 5 cm groß), Schwellung der Lymphknoten und Faltenbildung.

Behandlung: Entfernung der Hautknoten, Chemotherapie zur Abtötung der restlichen Würmer.

Prophylaxe: Schutz vor Mückenstichen.

Schlafkrankheit

Vorkommen: Tropische Gebiete Afrikas.

Ansteckung/Übertragung: Durch den Stich einer Tsetsefliege.

Krankheit: Infektionskrankheit.

Symptome: Schmerzhafte Entzündung an der Einstichstelle kurz nach der Infektion, Tage, Wochen oder Monate später dann Lymphknotenschwellung im Halsbereich, Fieber, Kopf- und Gliederschmerzen, Abgeschlagenheit, juckender Hautausschlag und Schüttelfrost, danach Konzentrationsstörungen und Reizbarkeit, Gewichtsverlust, Schlafstörungen und zunehmendes Schlafbedürfnis. Die Erkrankung endet fast immer tödlich.

Behandlung: Durch Antibiotika und Behandlung der Symptome. Wird die Krankheit rechtzeitig erkannt, bestehen gute Überlebenschancen.

Prophylaxe: Schutz vor dem Stich der Tsetsefliege. Eine Impfung ist nicht möglich.

Tollwut

Vorkommen: Weltweit. (England, Australien, Neuseeland und Japan sind tollwutfrei.)

Ansteckung/Übertragung: Durch Biss- oder Kratzverletzungen eines infizierten Tieres.

Krankheit: Lebensbedrohliche Infektionskrankheit, die fast immer tödlich ist. Die Inkubationszeit beträgt ca. 3 bis 10 Wochen.

Symptome: Erste Phase: steigendes Fieber, Kopfschmerzen, Übelkeit, Erbrechen, Durchfall, Reizbarkeit und Lichtempfindlichkeit. Zweite Phase: Muskelzuckungen, Krämpfe, Unruhe, Angstgefühle, Aggressivität und Scheu vor Wasser. Dritte Phase: Lähmungen, Koma, Tod.

Behandlung: Nach dem Kontakt mit einem tollwutverdächtigen Tier die betroffenen Hautstellen mit Wasser und Seife reinigen und mit Alkohol desinfizieren. Sofort ärztliche Hilfe aufsuchen. Tollwutimpfung bzw. Spritzen eines Antiserums. Sind bereits Symptome aufgetreten, endet die Tollwutinfektion fast immer tödlich. In diesem Falle können nur die Symptome behandelt werden. Der Patient stirbt ca. 7 Tage nach dem Auftreten der ersten Symptome.

Prophylaxe: In den Tropen und Subtropen ist jedes Tier tollwutverdächtig. Den Kontakt zu diesen Tieren meiden. Schutzimpfung.

Erkrankungen durch Umwelteinflüsse

Höhenkrankheit

Die Höhenkrankheit kann auftreten, wenn ein Reisender zu schnell auf eine Höhe von über 2500 Meter aufsteigt. Dabei erhöht sich das Risiko mit schnellerem und höherem Anstieg. Jeder Mensch kann höhenkrank werden, egal ob Jung oder Alt, fit oder unfit. Auch Menschen, die zuvor noch nie betroffen waren, können höhenkrank werden.

Die ersten Anzeichen von Höhenkrankheit beginnen meist mit Kopfschmerzen, Schwindel, Übelkeit und einem allgemeinen Unwohlsein. Verschlechtert sich der Zustand, kann es zu Übelkeit mit Erbrechen, Herzrasen, Atembeschwerden, Schwindelgefühl, Gangunsicherheit, Schlaflosigkeit, trockenem Husten, Leistungsabfall und verminderter Urinausscheidung kommen. Es muss sofort mit dem Abstieg begonnen werden. Werden diese Symptome ignoriert, besteht Lebensgefahr. Beim Abstieg muss mindestens eine Höhe erreicht werden, auf der noch keine Beschwerden aufgetreten waren. Wer auf eine Höhe über 2500 Meter steigt, sollte folgendes beachten:

- Langsam gehen und extreme Belastungen vermeiden.
- Nicht rauchen.
- Viel trinken.
- Auf Alkohol und kohlensäurehaltige Getränke verzichten.
- Kohlenhydratreiche Nahrung mit Knoblauch und Zwiebeln essen.
- Kälte und Unterkühlung vermeiden.
- Die Schlafhöhe sollte tiefer als die höchste erreichte Tageshöhe sein.
- Gut ausschlafen.

Bisse und Stiche durch Gifttiere

Schlangen, Skorpione, Spinnen und Tausendfüßler beißen oft nur wenn sie sich bedroht fühlen und nicht flüchten können. Um Bisse und Stiche zu vermeiden, solltest du:

- bei Wanderungen feste, knöchelhohe Schuhe tragen. (90% aller Schlangenbisse sind am oder unterhalb vom Knöchel.)
- fest auftreten. Schlangen fliehen in der Regel bei der Erschütterung des Bodens.
- beim Begegnen einer Schlange ruhig stehen bleiben. Präge dir ein, wie sie aussieht, damit du sie im Falle eines Bisses einem Arzt beschreiben kannst. Eine rasche Bewegung reizt die Schlange zum Biss.
- nicht in Löcher oder unter Steine fassen.
- im Dunkeln eine Taschenlampe benutzen.
- nicht auf ebener Erde schlafen.
- Kleidungsstücke und Schuhe aufhängen.
- vor dem Anziehen Schuhe und Kleidung ausschütteln.

Wirst du trotzdem gebissen oder gestochen:

- Keine Panik. Nur 2,5% aller Schlangenbisse sind tödlich.
- Fange, wenn gefahrlos möglich, das Tier oder versuche dir zu merken, wie es aussah.
- Reinige und desinfiziere die Biss- bzw. Stichwunde (nicht aussaugen, einschneiden oder ausbrennen).
- Stelle die Biss- bzw. Stichregion ruhig.
- Suche sofort einen Arzt auf.
- Trinke viel Wasser.
- Binde die Biss- bzw. Stichstelle an Arm oder Bein ab (oberhalb des Bisses/Stiches), wenn die Fahrt länger als 30 Minuten dauert.
- Schreibe beim Abbinden die Uhrzeit auf.
- Lockere den Verband aller 30 Minuten für 15 Sekunden.

Gesundheitsschäden durch Sonneneinstrahlung

Braune Haut gilt als schön. Aber Sonnenstrahlen können die Haut schädigen. Sonnenbrand, Falten, Pigmentflecke und Hautkrebs können die Folge sein. Langzeitreisende verbringen in der Regel viel Zeit im Freien. Deshalb ist es gerade auf solchen Reisen wichtig, die Haut zu schützen. Hier sind die wichtigsten Tipps:

- Gewöhne deine Haut langsam an die Sonnenbestrahlung und versuche direkte Sonneneinstrahlung zwischen 11 und 15 Uhr zu vermeiden.
- Der beste Schutz vor schädlichen UV-Strahlen ist immer noch der Schatten und die Kleidung. Lange Röcke, leichte Blusen, ein Sonnenhut mit breiter Krempe und eine gute Sonnenbrille sind ideal um sich vor den schädlichen Strahlen zu schützen.
- Beim Kauf einer Sonnenbrille solltest du darauf achten, dass die Gläser vor UV-Strahlen schützen. Viele billige Modelle sehen zwar toll aus, schützen aber oft nicht gegen UV-Strahlen.
- Ein wasserfestes Sonnenschutzmittel mit LSF 20 bis 30 und Schutz gegen UVA- und UVB-Strahlen gehört in jeden Rucksack. Achte beim Kauf auf das Haltbarkeitsdatum.

Durch lange und direkte Sonneneinstrahlung auf den Kopf kann es auch zu einem Sonnenstich kommen. Die Sonneneinstrahlung reizt die Hirnhäute und der Betroffene leidet ähnlich wie bei der Hirnhautentzündung an einen steifen Nacken, Fieber, Übelkeit und Erbrechen sowie einem heißen roten Kopf.

Ein Sonnenstich kann lebensgefährlich sein und der Betroffene muss unbedingt ärztlich behandelt werden.

Gesund bleiben

Mückenstichen vorbeugen

In Deutschland bereiten Mückenstiche außer Juckreiz keine Probleme. In anderen Teilen der Welt können Mücken jedoch gefährliche Krankheiten übertragen. Gegen die meisten Krankheiten ist eine Impfung oder spezielle Vorbeugung nicht möglich. Deshalb ist der einzig wirksame Schutz vor diesen Krankheiten, Mückenstichen vorzubeugen:

- Fast alle Mückenarten sind nachtaktiv. Die Aedes-Mücke, die Dengue Fieber überträgt, sticht auch am Tag. Trage deshalb vor allem am Abend langärmelige, luftige Tops und lange Hosen. Da Insekten nicht auf hellem Untergrund landen, sollte die Kleidung hell sein.
- 90% aller Mücken stechen im Bereich der Fußgelenke – also unbedingt Socken anziehen.
- Mücken mögen keine kalten Räume. Schalte die Klimaanlage am Tag und in der Nacht ein.
- Überprüfe Moskitonetze und Insektengitter auf Löcher. Löcher kannst du mit Klebeband schließen.
- Trage ein Mückenspray mit 30% DEET.

Nahrungsmittelhygiene

Verdorbene oder durch Fäkalien verunreinigte Nahrungsmittel können Krankheiten wie Durchfall, Hepatitis A oder Typhus verursachen. Es gibt jedoch nur gegen einige Krankheiten Impfungen. Deshalb gilt bei Reisenden das Motto: „Peel it, cook it, boil it or forget it" („Schäl es, brat es, koch es oder vergiss es."). In Ländern mit Hygienemängeln solltest du folgendes beachten:

- Vor jedem Essen die Hände waschen, ist das nicht möglich, mit einer Antiseptikum-Lotion einreiben.
- Sauberes Besteck benutzen.
- Kein Leitungswasser trinken und nicht zum Zähneputzen verwenden.
- Wasser nur aus versiegelten Flaschen trinken.
- Auf Eiswürfel verzichten.
- Obst schälen, denn an der Schale können Krankheitserreger haften, die durch Waschen nicht entfernt werden können.
- Kein geschnittenes Obst kaufen.
- Auf Milchprodukte verzichten, denn oft wird die Kühlkette zwischen dem Transport und der Lagerung unterbrochen.

Die Reiseapotheke

In vielen großen Städten wie Bangkok, Sydney oder New York bekommt ein Reisender ohne Probleme Medikamente; Ärzte sind gut ausgebildet und Krankenhäuser gut ausgestattet. Anders sieht es in Afrika aus. Dort bekommt ein Kranker zwar Tabletten, aber er muss damit rechnen, dass das Verfallsdatum längst überschritten ist. Experten gehen außerdem davon aus, dass ein Drittel aller verkauften Medikamente in Afrika Fälschungen sind. Deshalb gehört eine eigene, auf die individuellen Bedürfnisse zusammengestellte Reiseapotheke in jeden Rucksack.

In vielen Ausrüstungsläden oder Apotheken kannst du eine fertige Reiseapotheke kaufen. Willst du Geld sparen, kannst du sie dir selbst zusammenstellen. Die folgende Liste soll dir dabei helfen:

- Wenn du regelmäßig Medikamente einnehmen musst, nimm genügend Medikamente für die Dauer deiner Reise mit.
- Denke an Vorerkrankungen. Diese können unterwegs eventuell wieder auftreten.

- Bist du allergisch? Nimm zwei Allergie-Notfallsets mit und verteile sie auf zwei Taschen. Wird eins gestohlen, hast du noch ein Zweites.
- Um deine Reiseapotheke so klein wie möglich zu halten, kannst du die Pappschachteln von Medikamenten wegwerfen und die Tablettenstreifen (mit dem Beipackzettel) in eine kleine verschließbare Plastiktüte stecken.
- Hebe den Beipackzettel auf. Er informiert dich über die korrekte Dosis und eventuelle Nebenwirkungen.
- Überprüfe das Haltbarkeitsdatum auf Medikamenten, die du schon hast, aber auch die du kaufst.
- Schreib die Telefonnummer deines Hausarztes auf.
- Bewahre die Reiseapotheke an einem dunklen, kühlen und trockenen Ort auf.

Eine Reiseapotheke muss immer griffbereit sein, also nicht ganz unten in den Rucksack packen.

Das gehört in eine Reiseapotheke:

- ☐ Elastische Binde
- ☐ Mullbinde
- ☐ Pflaster
- ☐ Digitales Fieberthermometer
- ☐ Desinfektionsmittel
- ☐ Schere
- ☐ Pinzette
- ☐ Sicherheitsnadeln
- ☐ Einmalhandschuhe
- ☐ Wegwerfspritzen (2 Größen)
- ☐ Wegwerfnadeln (2 Größen)

Medikamente gegen:

- ☐ Atemwegsinfekte (z.B. Amoxycylin oder Cefuroxime)
- ☐ Mandelentzündung (z.B. Baycillin Mega)

- ☐ Fieber, Erkältung, Schmerzen (z.B. Aspirin)
- ☐ Koliken (z.B.Buscopan)
- ☐ Kreislaufmittel (z.B.Effortil oder Korodin)
- ☐ Kopfschmerzen (z.B.Paracetamol oder Ibuprofen)
- ☐ Regelschmerzen (z.B.Dolormin)
- ☐ Durchfall (z.B. Imodium)
- ☐ Erbrechen, Übelkeit (z.B. Paspertin oder Torecan)
- ☐ Salzverlust bei Durchfall u. Erbrechen (z.B. Elotrans)
- ☐ Verstopfung ohne Fieber (z.B. Pursennid)
- ☐ Entzündungen (Augen, Ohren, Haut) (z.B. Aureomycin oder Nebacetin)
- ☐ Husten (z.B. Paracodin)
- ☐ Allergie, Jucken, Heuschnupfen (z.B. Antihistaminikum Loratidin)
- ☐ Gegen Mückenstiche, Juckreiz (z.B. Soventol)
- ☐ Hautallergien, Ekzeme, Verbrennungen (z.B. Avil)
- ☐ Pilzbefall (z.B. Canesten)
- ☐ Wunddesinfektion (z.B. Betaisodona)

Individuelle Ergänzung:

- ☐ Tabletten zur Wasserentkeimung
- ☐ Malaria
- ☐ Dauermedikation
- ☐ Medikamente zur Beruhigung und Entspannung
- ☐ Schlaftabletten
- ☐ Notfallmedikamente für Allergiker, Asthmatiker, Diabetiker
- ☐ Prothesenklebstoff
- ☐ Erste-Hilfe-Zahnset
- ☐ Augenklappe
- ☐ Rettungsfolie
- ☐ Kondome
- ☐ Pille

Transport

Flugzeug

Das Flugzeug ist die schnellste und sicherste Methode, um von A nach B zu kommen. In vielen Ländern gibt es mittlerweile Billigfluggesellschaften mit denen du für wenig Geld Strecken die mit dem Bus mehrere Tage dauern würden in ein paar Stunden zurücklegen kannst. Für lange Strecken ist das Flugzeug ideal, für kurze Strecken nicht. Auf einem Flug hast du keine Möglichkeiten das Land und die Leute zu sehen. Versuche deshalb so wenig wie möglich zu fliegen.

Eine Liste mit allen Billigfluggesellschaften weltweit findest du auf www.lowcostairlines.org oder www.thebigproject.co.uk/budget.

Zug

Die Möglichkeit schöne Landschaften und kleine Dörfer zu sehen hast du, wenn du mit dem Zug fährst. Auch Einheimische kannst du leicht in Zügen kennenlernen. Züge sind in der Regel billig und durch die Anordnung der Sitze, ist es fast immer möglich, leicht mit anderen Mitreisenden ins Gespräch zu kommen. Auf langen Strecken kannst du im Schlafwagen schlafen und dadurch Geld für die Übernachtung sparen.

Auto

In vielen Ländern lohnt es sich, ein Auto zu kaufen oder zu mieten. Australien, Neuseeland, Kanada oder die USA kann man gut mit dem Auto bereisen. Wenn du alleine reist, kannst du dadurch Anschluss zu anderen Reisenden finden, indem du nach Mitreisegelegenheiten in Hostels suchst oder, wenn du selbst ein Auto hast, eine Mitfahrgelegenheit anbietest.

Bist du länger als 2 Monate im Land unterwegs, lohnt sich in der Regel der Kauf eines Autos. Am Ende der Reise kannst du es wieder verkaufen und wenn du gut im Verhandeln bist, kannst du beim Verkauf sogar einen Gewinn machen. In vielen Städten, gibt es Plätze, wo Backpacker Autos kaufen, und verkaufen. Frage andere Reisende oder in deinem Hostel nach Informationen und Empfehlungen. Wenn du außerhalb Europas ein Auto kaufen oder mieten willst, brauchst du zusätzlich zu deinem Führerschein einen internationalen Führerschein. Bevor du ein Auto kaufst oder mietest, solltest du dich auch mit den Verkehrsregeln des Landes vertraut machen.

Bus

Oft die billigste Möglichkeit ein Land zu bereisen und eine der Interessantesten. In vielen Ländern sind die Busse oft vollbesetzt, wer nicht mehr in den Bus kommt, steht auf Treppen, Stoßstangen oder klettert aufs Dach. Mittendrinn sind Hühner, Schweine und riesige Kartoffelsäcke. Wenn du keinen Sitzplatz bekommen hast, musst du damit rechnen, die nächsten 10 Stunden im Stehen zu verbringen. Wer so reist, bekommt einen Einblick in das wahre Leben und die Kultur eines Landes.

In immer mehr Ländern gibt es inzwischen Transportnetzwerke, die speziell für Backpacker entwickelt wurden. Ob Kiwi Experience in Neuseeland, Moose Travel Network in Kanada oder Baz Bus in Südafrika, alle funktionieren nach demselben Prinzip „Hop-On, Hop-Off" (Einsteigen, Aussteigen) wo und wann du willst. In diesen Bussen reisen keine Einheimischen, der Kontakt zu den Menschen des Landes bleibt also aus, aber du hast die Möglichkeit andere Backpacker kennenzulernen. Da die Busse verschiedene Hostels und Hotels anfahren um Gäste dort abzusetzen bzw. abzuholen ist es eine sehr sichere Methode ein Land zu bereisen und ist besonders bei jungen Backpackern beliebt.

Trampen

Trampen ist die billigste Methode, um von A nach B zu kommen, aber auch die Gefährlichste. Ob du trampst und in welchem Land du trampst, musst du selbst entscheiden. Grundsätzlich ist Trampen, vor allem alleine, nicht ratsam. In einigen Ländern ist Trampen verboten. In manchen Ländern ist es üblich, sich an den Fahrtkosten zu beteiligen. Wenn du trotzdem trampen willst, informiere dich über die Situation des jeweiligen Landes und tausche dich mit anderen Leuten die schon in dem Land getrampt sind aus. Stell dich nicht an die Straße und heb den Daumen. Frage Leute auf Raststätten oder Tankstellen, ob sie dich ein Stück mitnehmen, und lass dich an Raststätten oder Tankstellen absetzen. Wenn du gepflegt aussiehst, hast du größere Chancen mitgenommen zu werden. Suche dir vertrauenswürdige Fahrer. In der Regel ist es sicherer mit Frauen oder Familien die Kinder im Auto haben, mitzufahren. Vertraue deinem Instinkt und steige nicht in ein Auto, wenn du dir unsicher bist.

Schiff

Ein Frachtschiff ist die perfekte Alternative zum luxuriösen Kreuzfahrtschiff. Ob ans Kap der Guten Hoffnung, eine Rundreise durch Asien oder eine ganze Weltreise, mit dem Frachtschiff ist es möglich. Die Kabinen der meisten Schiffe sind mit Dusche, WC, Fernseher, Radio, Kühlschrank, Kleiderschrank, Sitzecke und Schreibtisch gut ausgestattet. Die Kosten für eine Reise auf einem Frachtschiff belaufen sich auf ca. 80 bis 100 Euro pro Tag. Cocktailkleid und Smoking können zu Hause bleiben, Flexibilität muss mit. Frachtschiffe sind Arbeitsschiffe. Ablegezeit und Ankunftstage können sich um 2 oder 3 Tage verschieben.

Adventure Touren

Adventure Touren sind organisierte Gruppentouren mit der Flexibilität einer Individualreise. Die meisten Veranstalter reisen mit ca. 10 bis 15 jungen Leuten in der Gruppe. Durch kleine Gruppen hast du das Gefühl mit Freunden unterwegs zu sein und nicht in einer organisierten Gruppentour.

Die Transportmittel sind öffentliche Verkehrsmittel, die auch von Einheimischen genutzt werden. Je nach Reiseland können das Busse, Züge oder Boote sein, aber auch Elefanten oder Esel können als Transportmittel dienen. Durch die Benutzung öffentlicher Verkehrsmittel hast du Kontakt zu den Einheimischen und kannst das Land und die Leute kennenlernen.

Geschlafen wird in landestypischen Unterkünften. Meist sind das kleine Hotels, aber auch ein Kloster oder ein Zimmer bei einer einheimischen Gastfamilie kann als Unterkunft dienen.

Das Motto einer Adventure Tour lautet: „Der Weg ist das Ziel". Jeder Tag ist eine neue Herausforderung. Nicht selten werden gute Freundschaften geschlossen.

Overland-Safaris

Eine Overland-Safari ist die beste Möglichkeit Afrika zu erleben. Trips können zwischen 3 Wochen und 6 Monate lang sein, wobei auf den kurzen Trips häufig ein Minibus zum Einsatz kommt, auf den längeren Reisen ab 3 Wochen ist es dann ein Truck.

Ob Minibus oder Truck, eine Overland Safari ist eine Herausforderung. Anders als bei einer Adventure Tour, verbringst du die Tage auf dem Truck oder im Minibus, um von einem Ort in den nächsten zu kommen. Die Tage können lang sein. Abends kannst du in dein Tagebuch schreiben, Kartenspielen, Tiere an der Wasserquelle beobachten oder Anekdoten am Lagerfeuer erzählen. Jeder Tag und jeder Trip ist anders.

Es wird erwartet, dass du dein Zelt auf- und abbaust, beim Kauf der Lebensmittel und der Zubereitung von Mahlzeiten hilfst. Auch beim Abwasch, Saubermachen und Be- und Entladen des Trucks oder Minibusses wird deine Hilfe erwartet. Aber keine Angst, es ist keine harte Arbeit. Im Gegenteil, es ist eine tolle Möglichkeit anderer Teilnehmer der Reise kennenzulernen und Freundschaften zu schließen.

Durch regelmäßige Stopps in Städten und Dörfern und dem Einkauf der Lebensmittel auf dem Markt, hast du außerdem Kontakt zu Einheimischen und kannst die Kultur des Landes kennenlernen. Das Wichtigste auf einer Overland-Safari sind aber die Tiere. Es gibt unzählige Nationalparks in Afrika und du hast auf einer Overland-Safari die Möglichkeit, die Tiere Afrikas hautnah zu erleben.

Gefahren und Sicherheit

Die Angst vor Katastrophen, Unfällen und Gewaltverbrechen ist besonders bei Eltern deren Kinder auf Reisen gehen groß. Aber auch junge Leute, die auf Weltreise gehen wollen, machen sich Gedanken um ihre Sicherheit. Das ist normal und gut. Denn nur wer sich Gedanken über mögliche Gefahren macht kann sich richtig vorbereiten und schützen.

Die meisten Gefahrensituationen entstehen aus Leichtsinn und mangelnder Vorbereitung. Diesen Gefahrensituationen kannst du vorbeugen, indem du dich z.B. ordentlich ausrüstest, auf Wetterwarnungen hörst, nicht leichtsinnig bist, den Rat Einheimischer befolgst, usw.

Hin und wieder wird in den Nachrichten von tragischen Morden oder Gewaltverbrechen an Backpackern berichtet. Solche Fälle sind jedoch die Seltenheit. Jedes Jahr kehren hundertausende junge Menschen von ihrer Weltreise zurück, ohne unterwegs Probleme gehabt zu haben.

An ein paar wichtige Dinge solltest du dennoch denken um unterwegs sicher zu sein und kein Opfer eines Diebstahls, Überfalls, Unfalls oder Gewaltverbrechens zu werden:

Informiere dich vor deiner Abreise
In jedem Land gelten andere Gesetze. Auch Ausländer müssen diese Gesetze befolgen und respektieren. Erkundige dich deshalb vor der Einreise in ein Land über Gesetze und Sicherheitshinweise. Diese Informationen findest du auf der Website des Auswärtigen Amtes.

Lerne die Sprache des Landes
Du musst nicht perfekt sein, aber du solltest dich verständigen können, sodass du z.B. den Notruf wählen und deine Situation schildern
kannst.

Selbstbewusstes Auftreten
Untersuchungen haben ergeben, dass Kriminelle fast immer schwa-
che und schüchterne Menschen als Opfer aussuchen. Auch Menschen, die in Gedanken sind und nicht auf das achten was um sie
herum passiert, können leicht zum Opfer werden. Trete selbstbe-
wusst auf und behalte deine Umgebung im Auge. Das Risiko Opfer
eines Verbrechens zu werden ist dadurch geringer.

Sieh nicht aus wie ein Tourist
Kriminelle lieben Touristen. Sie wissen, dass sie sich im Land nicht
gut auskennen, wahrscheinlich keine Anzeige erstatten werden und
nicht zurückkommen, um eine Zeugenaussage zu machen. Touristen
gelten in armen Ländern als reich. Vermeide es also deine Kamera
um den Hals zu hängen, mit großen Scheinen zu bezahlen oder viel
Schmuck zu tragen. Versuche dich dem Kleidungsstil der Einheimischen anzupassen, zeige nicht auf alles, was du siehst und vermeide
es in der Öffentlichkeit auf den Stadtplan zu schauen.

Achte auf Taschendiebe und deine Wertsachen
Taschendiebe gibt es überall auf der Welt. Sie „arbeiten" meist im
Team. Einer lenkt das Opfer z.B. durch Drängeln, Schubsen oder
eine Frage ab, der Andere stiehlt das Geld. Der sicherste Schutz vor
Taschendieben ist ein Geldgürtel, der am Körper getragen wird.
Dokumente, die nicht benötigt werden, solltest du in einem
Schließfach oder Hotelsafe deponieren.

Lerne dich zu orientieren
Präge dir den Weg ein, bevor du deine Unterkunft verlässt, indem
du dich mit dem Stadtplan vertraut machst. Nimm zur Sicherheit die
Adresse und Telefonnummer deines Hotels oder Hostels mit. Ver-

läufst du dich, kannst du einem Taxifahrer die Adresse geben und dich zurückfahren lassen.

Höre auf Ratschläge von Einheimischen

Niemand kennt ein Land so gut wie die Einheimischen. Sie kennen das Wetter, gefährliche Gegenden, die Tricks der Touristenbetrüger, etc.

Im Notfall

Informiere dich vor deiner Abreise, wie du einen Versicherungsfall bei deiner Versicherung meldest und wo du im Notfall Hilfe bekommst.

Wirst du trotzdem ein Opfer

Kommst du trotz aller Vorsichtsmaßnahmen in eine Notlage, wende dich an die deutsche Auslandsvertretung des Landes. Gibt es in dem Land keine deutsche Auslandsvertretung, wende dich an eine Botschaft oder ein Konsulat eines anderen EU-Staates (z.B. Österreich).

Was eine Auslandsvertretung für dich tun kann, erfährst du auf der Website des Auswärtigen Amtes www.auswaertiges-amt.de.

Wo ist es gefährlich?

Öffentliche Telefonzelle

Kriminelle sehen es oft auf Menschen ab, die öffentliche Telefonzellen benutzen, da viele von ihnen beim Telefonieren nicht aufmerksam sind und nicht beobachten was um sie herum passiert. Viele Menschen stellen die Tasche neben sich ab während sie die Nummer wählen. Für einen Dieb ist es die beste Gelegenheit, die Tasche zu stehlen.

Wenn du eine Telefonzelle benutzt, drehe dich mit dem Rücken zum Telefon und beobachte deine Umgebung. Stelle deinen Rucksack nicht ab, lass ihn auf dem Rücken. So kann kein Dieb an den Rucksack, weil er zwischen dir und dem Telefon ist.

Großstädte

Vorsicht in Großstädten. Oft gibt es gute und schlechte Viertel. Manchmal ist nur eine Straße weiter schon eine Gegend, die für Touristen gefährlich ist. Informiere dich in deinem Reiseführer, Hotel oder Hostel darüber, welche Stadteile sicher sind und welche du meiden solltest.

Bankautomat

Benutze keinen Bankautomaten, wenn es dunkel ist. Kriminelle nutzen die Dunkelheit, um nicht gesehen zu werden. Auch Automaten auf der Straße solltest du meiden. Ein Dieb kann sich dort schnell mit deinem Geld aus dem Staub machen. Am sichersten sind Bankautomaten in Läden oder Bankgebäuden.

Tipp: Nähert sich dir ein Dieb, lass deine Karte im Automaten stecken. Der Automat wird die Karte verschlucken, der Dieb bekommt kein Geld und du kannst deine Karte am nächsten Tag wieder bei der Bank abholen.

Strand

Viele Menschen gehen ins Wasser und versuchen ihre alleingelassenen Sachen im Auge zu behalten. Macht sich ein Fremder an den Sachen zu schaffen, nützt es aber oft nichts, wenn man es vom Wasser aus sieht. Bis man aus dem Wasser ist, ist der Dieb samt den Sachen weg.

Versuche dich neben Menschen zu setzen, die vertrauenswürdig aussehen, eine Familie zum Beispiel. Stell dich vor und wenn du ins Wasser gehst, bitte sie auf deine Sachen aufzupassen, während du im Wasser bist.

Tipp: Einen kleinen wasserfesten Container für Geld und Schlüssel kannst du um dein Handgelenk wickeln und mit ins Wasser nehmen.

Öffentliche Verkehrsmittel

Taxis

Viele Täter nutzen die Unerfahrenheit von Touristen, die gerade im Land angekommen sind, um sie in ein Taxi zu locken und dann auszurauben oder zu vergewaltigen.

Das richtige Taxi finden:
Fahre nur mit registrierten, lizensierten Taxis. Die Lizenz und das Foto des Fahrers sollten deutlich sichtbar im Taxi angebracht sein. Ist ein Taxameter im Taxi vorhanden, bitte den Fahrer es einzuschalten oder handelt vor deinem Einsteigen einen Preis für die Fahrt aus. Einigt ihr Euch vor der Fahrt nicht auf einen Preis, musst du damit rechnen, am Zielort einen überhöhten Preis zu zahlen.

In einigen Ländern „arbeiten" Kriminelle mit gefälschten Ausweisen und Uniformen. Touristen werden z.B. nach der Ankunft am Flughafen von einem „Flughafenmitarbeiter" angesprochen und gefragt, ob sie ein Taxi brauchen. Sagt der Tourist: „Ja", wird er an einen „Taxifahrer" vermittelt, der in Wirklichkeit ein Krimineller ist. Viele Touristen fühlen sich sicher, wenn sie von einer Person in einer Uniform oder mit einem Ausweis angesprochen werden, merken aber nicht dass die Uniform und der Ausweis Fälschungen sind. Steige also nie in ein Taxi ein, dass ein Anderer für dich organisiert

oder angehalten hat. Ausnahmen sind Hotels und Hostels. Die Mitarbeiter der meisten Hotels und Hostels bestellen dir auf Wunsch
ein Taxi oder sind bei der Suche behilflich. Auch auf Flughäfen und
Bahnhöfen sind Schalter, an denen du ein lizensiertes Taxi buchen
kannst. Ist kein Schalter vorhanden, stehen die Taxis, meist vor dem
Ausgang. Bist du dir nicht sicher, mit welcher Taxigesellschaft du
fahren solltest, frage die Mitarbeiter der Touristeninformation, ob
sie dir eine empfehlen können.

Teile kein Taxi mit anderen Personen, es sei denn, du kennst diese.
Mit ein paar anderen Rucksackreisenden ein Taxi vom Flughafen ins
Hostel zu teilen ist ok. Vorsicht ist geboten bei Einheimischen. Der
Beifahrer könnte ein Partner des Fahrers sein was einen Überfall
einfacher machen würde. Wenn du ein Taxi mit einem Fremden
teilst, achte darauf, dass der andere Mitfahrer beim Aussteigen,
nicht deinen Rucksack mitnimmt. Manchmal „arbeiten" Taxifahrer
und Beifahrer gemeinsam, manchmal ist nur der Beifahrer der Kriminelle.

Wenn du ein komisches Gefühl hast und dem Taxifahrer nicht
traust, vertraue deinem Instinkt und steige nicht in das Taxi. Unser
Instinkt ist wie ein innerer Alarm, der uns vor Gefahren warnt.

Im Taxi:
Der sicherste Platz im Taxi ist der Sitz hinter dem Fahrer. Ist der Fahrer ein Krimineller, kann er keine Waffe ziehen und dich plötzlich
bedrohen, da er sich auf den Verkehr konzentrieren muss.

Auf der Fahrt zur Unterkunft kannst du mit dem Fahrer übers Wet-
ter, das Land und die Leute reden. Rede nicht über dich und gib dem
Taxifahrer keine persönlichen Informationen. Manchmal arbeiten
Taxifahrer und Hotelmitarbeiter zusammen und können so wichtige
Informationen weitergeben.

Die meisten Taxifahrer sind freundlich und hilfsbereit. Oft bieten sie
dir auch etwas zu Essen oder zu Trinken an. Leider gibt es aber auch

ein paar Fahrer, die ihre Opfer so unter Drogen setzen, um sie dann auszurauben oder zu vergewaltigen. Akzeptiere keine Süßigkeiten oder Getränke von dem Taxifahrer. Bekommst du etwas angeboten, sei höflich und nimm es an, iss es aber nicht.

In vielen Ländern versuchen Taxifahrer, dich in ein anderes Hotel oder Hostel zu fahren. Sie sagen, dass das Hotel oder Hostel in das du willst, entweder geschlossen hat, nicht sauber ist, oder ausgebucht ist. Dies ist ein Trick. Viele Taxifahrer „arbeiten" mit bestimmten Hotels zusammen und bekommen hohe Provisionen für jede Vermittlung.

Wenn du alleine reist, versuche ein Taxi mit anderen Backpackern zu teilen. So sparst du Geld, lernst neue Leute kennen und bist sicherer.

Probleme im Taxi:
Manchmal hält ein Taxifahrer an einer Stelle, wo Kriminelle warten, um dich auszurauben. Bestehe darauf, direkt am vereinbarten Ziel auszusteigen und nicht 100 Meter davon entfernt. Der Taxifahrer kann aber auch in eine einsame Gegend fahren, um dich dort selbst auszurauben oder zu vergewaltigen. Deshalb ist es wichtig aufzupassen, wohin du fährst. Auch wenn du gerade erst in der Stadt angekommen bist, achte auf deine Umgebung und scheue dich nicht den Fahrer über die Route zu fragen. Ein kleiner Kompass an deinem Rucksack oder in der Hosentasche ist ideal, um zu prüfen, in welche Richtung du fährst. Auf den Stadtplänen vieler Reiseführer ist ein Nordpfeil eingezeichnet. Vergleiche die Fahrtrichtung mit der Richtung auf dem Kompass. Wenn dein Hotel im Süden liegt und der Fahrer Richtung Norden fährt, hast du ein Problem.

Merkst du, dass der Taxifahrer in die falsche Richtung fährt, sprich in sofort darauf an. Hält der Fahrer nicht an und dreht um, verlange, dass er dich sofort aus dem Taxi lässt, tut er das nicht, musst du dir etwas einfallen lassen. Öffne eine Tür oder schlage ein Fenster ein. Hält der Fahrer auch dann noch nicht an, werden zumindest Passanten auf dich aufmerksam und können Hilfe holen. Das klingt dramatisch, aber wenn du in einem Taxi sitzt und der Fahrer in die falsche Richtung fährt und nicht anhält, bist du in großer Gefahr.

Situationen, in denen der Fahrer in die falsche Richtung fährt oder nicht anhält, sind selten. Hin und wieder berichten Backpacker jedoch von solchen Erlebnissen. Wichtig ist, dass du darauf vorbereitet bist und richtig handeln kannst. Deshalb ist es auch wichtig die Landessprache, wenigstens ein bisschen, zu sprechen, um sich mit dem Fahrer verständigen zu können.

Ankunft am Zielort:
Überprüfe, ob du am richtigen Hotel oder Hostel angekommen bist. In vielen Touristenstädten gibt es Unterkünfte mit ähnlichen Namen und Taxifahrer fahren dich oft bewusst zu dem anderen Hotel oder Hostel, weil sie dort eine hohe Provision bekommen.

Zahle erst, wenn du dein Gepäck aus dem Taxi genommen hast, um zu verhindern, dass der Taxifahrer mit deinem Gepäck abfährt. Es ist ratsam, etwas Kleingeld dabei zu haben. Einige Taxifahrer sagen mitunter, dass sie kein Wechselgeld haben in der Hoffnung, das Wechselgeld behalten zu können.

Im Bus

Plane voraus und wähle, wenn möglich einen Bus, der vor Einbruch der Dunkelheit am Zielort ankommt. In vielen Städten sind die Bushaltestellen zentral gelegen, aber es gibt auch Städte, in denen die Bushaltestellen außerhalb der Stadt sind. Im Dunkeln dort anzukommen erhöht das Risiko eines Überfalls.

Die sichersten Sitze im Bus sind am Notausgang. Im Notfall kommst du dort schnell aus dem Bus. Der sicherste Ort für dein Gepäck ist dein Schoß. Kannst du dein Gepäck nicht auf den Schoß legen, stell es an einen Platz, wo du es jederzeit sehen kannst, zwischen deinen

Beinen ist es auch ok. Leg dein Gepäck nicht unter deinen Sitz, die Person hinter dir kann deinen Rucksack oder die Tasche öffnen ohne das du etwas bemerkst oder sogar mit deinem Gepäck den Bus verlassen. Vorsicht auch, bei den Gepäckablagen im Bus. Schläfst du ein, kann ein Mitreisender deinen Rucksack beim Verlassen des Busses mitnehmen. Musst du deinen Rucksack in das Gepäckfach des Busses legen, achte darauf, dass niemand beim Aussteigen deinen Rucksack mitnimmt. Oft ist es nicht einfach, in einem vollbesetzten Bus das Gepäckfach des Busses im Auge zu behalten. In so einem Fall kannst du dem Fahrer des Busses ein kleines Trinkgeld geben, wenn er dafür sorgt, dass deinem Rucksack nichts passiert.

Im Zug

In den meisten Ländern gibt es, wie auch in Deutschland, mehrere Klassen in den Zügen. Manchmal ist der Unterschied zwischen den Klassen sehr groß, sodass es sich lohnt, aus Sicherheitsgründen eine höhere Klasse zu wählen.

Da Züge oft überfüllt sind und Menschen ständig ein- und aussteigen, ist es nicht immer möglich dein Gepäck im Auge zu behalten, vor allem in Schlafwagen, während du schläfst. Sichere deinen Rucksack mit einem Pacsafe und einer Sicherheitskette mit Schloss. Wertsachen und wichtige Dokumente solltest du immer bei dir haben.

Frauen sollten sich nicht alleine in ein Abteil setzen, sondern versuchen sich in die Nähe von Menschen zu setzen, die vertrauenswürdig aussehen. Das können Frauen sein, Familien mit Kindern oder andere Backpacker. Vertraue deinem Instinkt. Fühlst du dich nicht wohl auf deinem Platz, setze dich woanders hin.

Auch bei Fahrten mit dem Zug solltest du, wenn möglich, einen Zug wählen, der vor Einbruch der Dunkelheit am Zielort ankommt.

In der U-Bahn

Taschendiebe lieben U-Bahnen. Sie sind oft überfüllt, es wird gedrängelt und geschubst und ein Dieb kann ohne Probleme „arbeiten". Als Tourist wirst du in vielen Ländern auffallen, achte deshalb gerade in U-Bahnen auf deine Wertsachen. Rucksäcke sollten mit einem Pacsafe gesichert werden. Wichtige Dokumente, Geld, Reisepass, etc. sollten im Geldgürtel am Körper getragen werden. Meide leere Abteile und trage keinen auffälligen oder teuren Schmuck, der dich zur Zielscheibe machen könnte.

Frauenthemen

Als Frau allein unterwegs

Leider ist durch Werbung und Filme in vielen Ländern außerhalb Europas ein falsches Bild der westlichen Frau entstanden. Auch das Verhalten vieler Frauen selbst hat dazu beigetragen, dass viele Einheimische ein falsches Bild von uns haben. Viele fahren bewusst in ein bestimmtes Land, um mit den dort lebenden Männern Sex zu haben. Aus diesem Grunde denken viele Einheimische, dass jede Frau aus der westlichen Welt diesem Typ entspricht. Das führt dazu, dass es Frauen vor allem in islamischen Ländern nicht immer leicht haben. Einfache Gesten wie einen Mann lange in die Augen zu schauen oder anzulächeln und sich interessiert mit ihm zu unterhalten kann bereits als sexuelle Annäherung gedeutet werden. In solchen Ländern solltest du dich zurückhaltend aber höflich verhalten.

In vielen islamischen Ländern ist es ungewöhnlich, Frauen alleine reisen zu sehen. Akzeptiere das und versuche dich den Traditionen des Landes anzupassen und diese zu respektieren. Einige Länder sind strenger als andere, z.B. dürfen in Saudi Arabien Frauen kein Auto fahren und sind immer verhüllt. In Ländern wie Marokko oder Malaysia sind diese Praktiken nicht so streng.

Die Frau im Islam hat eine hohe Stellung. Trotzdem ist ihre Stellung in der Öffentlichkeit eher konservativ. Je mehr du dich den Traditionen anpasst, desto mehr wirst du über die Menschen und die Kultur erfahren.

Wenn du blonde Haare hast, versuche deine Haare mit einem Hut oder Tuch abzudecken oder eventuell dunkel zu färben, um weniger Aufmerksamkeit auf dich zu ziehen, denn Frauen in diesen Ländern sind in der Regel dunkelhaarig.

Männer werden meist in öffentlichen Verkehrsmitteln aufdringlich. Ein Mann, der neben dir sitzt, wird schnell das Gespräch mit dir suchen. Nicht selten versuchen Männer Frauen, die neben ihnen sitzen zu berühren. Versuche dich in die Nähe von anderen Frauen zu setzen. Ein Hochzeitsring signalisiert, dass man vergeben ist. Auch wenn du in Wirklichkeit noch Single bist, lohnt es sich einen „Hochzeitsring" zu tragen, um aufdringliche Männer fernzuhalten. Du kannst außerdem erwähnen, dass du einen Mann und Kinder hast, die dich bald besuchen werden.

Informiere dich vor deiner Reise über die Sitten und Gebräuche des jeweiligen Landes. Kleidung sollte Arme und Beine bedecken. Leichte Baumwollkleider und Tunika sind ideal. Trage eine dunkle Sonnenbrille, um ungewollten Blickkontakt zu vermeiden.

In den meisten Ländern können Frauen ohne Probleme alleine Reisen. Auch wenn du hin und wieder mit aufdringlichen Männern zu kämpfen hast, hast du doch viele Vorteile. Du kannst leichter einheimische Frauen kennenlernen und Hilfsbereitschaft von anderen Einheimischen oder Reisenden erwarten.

Haare

Was soll ich mit meinen Haaren machen? Kurz schneiden, flechten oder doch lieber ganz abrasieren? Und was mache ich ohne Föhn, Haarglätteisen und Haarspray? Typische Frauenfragen. Viele wissen nicht was sie mit ihren Haaren machen sollen, wenn sie auf Weltreise gehen.

Wenn du auf Weltreise gehst, musst du dich mit dem Gedanken anfreunden, ohne Föhn und Glätteisen klarzukommen. Kurze Haare sind ideal. Wenn du den Mut dazu hast dir die Haare kurz schneiden zu lassen brauchst du dir keine Gedanken mehr um Stylingprodukte zu machen. Aber du musst deine Haare nicht kurz schneiden. Mit einem Bandana kannst du leicht und schnell dein Haar bändigen.

Hüte sind auch toll. Du schützt nicht nur deine Haut im Gesicht und im Nacken, sondern auch deine Haare.

Make-up

Es ist ok, wenn du zu Hause nicht ohne Make-up aus dem Haus gehst, aber auf einer Weltreise brauchst du kein Make-up. Wenn du wirklich nicht auf Make-up verzichten willst, nimm ein Produkt mit und nutze es für besondere Anlässe. Denke daran, dass du Make-up auch unterwegs kaufen kannst, solltest du feststellen, dass du ohne Make-up nicht reisen kannst.

Make-up kann leicht durch andere Produkte ersetzt werden. Sonnencreme kann als Feuchtigkeitscreme dienen, Lippenbalsam schützt deine Lippen vor dem Austrocknen und dient gleichzeitig als Lippenstift. Willst du nicht auf gefärbte Wimpern verzichten, kannst du dir vor deiner Abreise die Wimpern färben lassen. Make-up Entferner und Mascara können so zu Hause bleiben. Unterwegs kannst du dir die Wimpern kostengünstig nachfärben lassen. Moderne Schönheitssalons gibt es in fast allen Großstädten.

Denke daran, es gibt wichtigere Dinge auf deiner Reise als top gestylt auszusehen. Du willst die Welt entdecken. Die meisten Globetrotter sind nicht topgestylt. Die die es sind, sehen fehl am Platz aus.

Menstruation

Denke daran das, durch Zeitverschiebungen, Diät, Gewichtsabnahme bzw. -zunahme, Stress und andere Dinge außerhalb deiner Routine, dein Hormonspiegel gestört werden kann. Dadurch kann deine Periode unregelmäßig werden oder ausbleiben, schmerzhafter als sonst oder länger als sonst sein. Eine ausbleibende Periode kann aber auch ein Zeichen für eine Schwangerschaft oder eine

Geschlechtskrankheit sein. Bleibt deine Periode aus, warte nicht, bis du wieder zu Hause bist. Suche einen Arzt auf.

Während deiner Periode reisen

Vor der Reise

Wohin reist du?

Ist es ein entwickeltes Land wie Australien oder die USA oder ein Entwicklungsland wie Indien? Wenn du in ein entwickeltes Land fährst, brauchst du keinen Vorrat mitzunehmen, da du dort verschiedene Tampons und Binden ohne Probleme bekommst, oft sogar bekannte Marken. In Entwicklungsländern, vor allem touristischen Gegenden, gibt es zwar auch Tampons und Binden, auch bekannte Marken, aber du solltest dich nicht darauf verlassen. Wenn du in ein Entwicklungsland fährst, solltest du genug Tampons bzw. Binden mitnehmen, die für deinen Aufenthalt dort reichen. Wenn du später in einem entwickelten Land ankommst, kannst du Nachschub kaufen. Bekommst du während deiner Periode Krämpfe, empfiehlt es sich ein Schmerzmittel gegen Regelschmerzen mitzunehmen.

Tampons oder Binden?

Du weißt selbst am besten, was du bevorzugst. Aber denke darüber nach, was du unterwegs machen wirst. Wenn du vor hast aktiv zu sein, also z.B. wandern, schwimmen oder Rad fahren willst, sind Tampons die bessere Wahl. Außerdem sind Tampons einfacher zu entsorgen und biologisch abbaubar. Anfangs etwas ungewöhnlich, jedoch ideal für eine Weltreise, ist eine Menstruationsglocke. Eine Menstruationsglocke ist ein glockenförmiger Becher aus Silikon. Dieser Becher wird, wie ein Tampon in der Scheide getragen und fängt dort das Regelblut auf. Eine Menstruationsglocke ist bequem, spart Platz und Geld. Außerdem ist sie umweltfreundlich, da sie immer wieder benutzt werden kann. Menstruationsglocken kannst du in den meisten Ausrüstungsläden kaufen.

Mehr Informationen auf www.mooncup.co.uk.

Unterwegs

Tampons sind biologisch abbaubar. Du kannst sie verbrennen oder auch tief eingraben. Binden und Slipeinlagen musst du mitnehmen (am besten in einem Plastikbeutel) und in einen Abfalleimer werfen. In einigen Kulturen gelten menstruierende Frauen als unrein. Möglicherweise darfst du Tempel nicht betreten oder du wirst anders von den Einheimischen behandelt. Sei also diskret und erwähne nicht, dass du gerade deine Periode hast.

Verhütung

Kondome

Kondome bieten, wenn sie richtig angewendet werden, einen sehr hohen Schutz gegen eine ungewollte Schwangerschaft und Geschlechtskrankheiten. In vielen Ländern der Welt gibt es jedoch keine Kondome. Wenn es welche gibt, musst du davon ausgehen, dass die Qualität durch falsche Lagerung schlecht ist. Also, nimm genügend mit. Denke daran das Haltbarkeitsdatum zu überprüfen.

Die Pille

Wenn du mit der Pille verhütest, musst du mit verschiedenen Problemen während deiner Reise rechnen. Zeitverschiebung, Vergesslichkeit und Magen-Darm-Beschwerden können den Empfängnisschutz beeinträchtigen. Nimm deshalb zusätzlich andere Verhütungsmittel z.B. Kondome mit.

Wer mit Verhütungsstäbchen, Verhütungspflaster oder der Spirale verhütet, muss nichts Besonderes beachten.

Zeitverschiebung

Wenn du regelmäßig verschiedene Zeitzonen überquerst, solltest du die Pille aller 24 Stunden nehmen, egal wie spät es ist. Wenn du dich über längere Zeit an demselben Ort aufhältst, ist eine Anpassung möglich. Lass dich von deinem Frauenarzt beraten.

Pille vergessen

Hast du vergessen, die Pille rechtzeitig zu nehmen, hohle dies innerhalb von 12 Stunden nach, dann bleibt der Empfängnisschutz erhalten. Wird die 12-Stunden-Frist überschritten, ist ein verlässlicher Schutz nicht mehr gewährleistet. Die Minipille verliert bereits nach 3 Stunden ihre verhütende Wirkung. Benutze in diesem Fall zusätzlich ein anderes Verhütungsmittel.

Erbrechen und Durchfall

Hast du dich innerhalb von 3 Stunden nach der Pilleneinnahme übergeben oder Durchfall gehabt, nimm innerhalb von 12 Stunden eine weitere Pille ein. Halten deine Beschwerden an, nimm die restlichen Pillen wie gewohnt weiter. Benutze zur Sicherheit jedoch zusätzlich ein anderes Verhütungsmittel.

Sexualkontakte

Die Pille schützt nicht vor Aids oder anderen sexuell übertragbaren Krankheiten.

Die Pille danach

Wirkt bis zu 72 Stunden nach ungeschütztem Geschlechtsverkehr, sollte jedoch nur im Notfall benutzt werden.

Andere Möglichkeiten der Verhütung

Die Pille ist immer noch das beliebteste Verhütungsmittel. Mittlerweile gibt es jedoch eine Vielzahl anderer Möglichkeiten sicher zu verhüten. Gerade auf langen Reisen in verschiedenen Ländern ist es oft umständlich, mit der Pille zu verhüten. Kupferspirale, Vaginalring oder Verhütungspflaster können bessere Alternativen sein. Lass dich von deinem Frauenarzt beraten.

Gesunde Ernährung

Die Ernährung kann den Menstruationszyklus, das Aussehen und die Gesundheit beeinflussen. Deshalb ist eine gesunde und ausgewogene Ernährung, gerade auf langen Reisen, sehr wichtig. Viele Reisende versuchen, eine schlechte Ernährung durch die Einnahme von Vitamintabletten aufzubessern. Vitamintabletten können aber mit anderen Tabletten reagieren, z.B. sollten Doxycycline-Tabletten (Malariaprophylaxe) nicht innerhalb von 3 Stunden nach Einnahme einer Tablette, die Kalzium, Eisen, Zink oder Vitamin A enthält, eingenommen werden.

In vielen Ländern gibt es eine große Auswahl an Früchten und Gemüse, sodass es leicht sein sollte sich optimal zu ernähren, ohne zusätzlich Vitaminpräparate einzunehmen. Hast du vor Vitamintabletten während deiner Reise zu nehmen, lass dich von deinem Arzt beraten.

Viele Frauen haben während ihrer Periode zu wenig Eisen im Blut. Das kann zu Müdigkeit, Schlappheit und brüchigen Nägeln führen. Deshalb ist es wichtig viel Eisen zu sich zu nehmen. Eisen steckt in Bohnen, Fleisch, Thunfisch, Nüssen, Kartoffelschalen, Tofu und getrockneten Früchten.

Kontakt nach Hause

Dank E-Mail, Blog und Handy ist es einfacher denn je in Kontakt mit Familie und Freunden zu bleiben. Vorbei sind die Zeiten, in denen man sich im Postamt anstellen musste, um einen Brief abzuholen, der Monate zuvor abgeschickt wurde. Wie du am preisgünstigsten und einfachsten den Kontakt nach Hause hältst erfährst du auf den nächsten Seiten:

E-Mail

Die einfachste Methode in Kontakt mit Freunden und Familie zu bleiben ist per E-Mail. Internetcafés gibt es inzwischen fast überall auf der Welt. Wenn du noch keine E-Mail-Adresse hast, besorg dir eine. Viele Anbieter, wie www.hotmail.de oder www.web.de, bieten kostenlose E-Mailadressen an. Wenn deine Eltern oder Verwandten noch nicht mit E-Mails umgehen können, zeig es ihnen, bevor du abreist.

Blog

Blogs sind zurzeit der Trend im Internet und immer mehr Backpacker legen sich einen Blog an, um über ihre Reise zu berichten. Ein Blog ist ein Online-Tagebuch, in das du regelmäßig neue Einträge schreibst. Die Einträge werden chronologisch aufgelistet und deine Familie und Freunde haben die Möglichkeit Kommentare zu hinterlassen. Die meisten Bloganbieter erlauben es außerdem den Blog mit Fotos zu ergänzen.

Telefon

Hin und wieder wollen auch Globetrotter die Stimme von Eltern oder Freunden hören und rufen zu Hause an. Du hast verschiedene

Möglichkeiten nach Hause zu telefonieren. Die Gespräche können aber teuer werden. Welche Methode die Günstigste ist, hängt von deinem Reiseland ab. Du hast folgende Möglichkeiten, nach Hause zu telefonieren:

Pre Paid Calling Card
Du kaufst eine Karte mit einem Guthaben, dass verbraucht werden kann. Du rufst die angegebene kostenlose Telefonnummer an und gibst deine PIN-Nummer ein. Dann wählst du deine Zielnummer. Das funktioniert fast überall auf der Welt und ist oft die günstigste Methode, um nach Hause zu telefonieren.

R-Gespräch (Collect Call)
R-Gespräche sind teuer und sollten deshalb nur im Notfall gemacht werden. Du rufst den Operator an, der fragt die Person, die du anrufen möchtest, ob sie die Kosten für das Gespräch übernimmt, und stellt dich durch.

Öffentliche Telefone
Funktioniert mit Münzen oder Telefonkarten. In einigen Ländern gibt es Telefonläden. Mit dem Country Access Code kommst du ins internationale Netz (meist 00, in den USA 011). Mit dem Country Code bestimmst du das Zielland (49 für Deutschland). Dann gibst du die Vorwahl ein (ohne die führende Null) und zum Schluss die Telefonnummer des Teilnehmers.

Handy
Vom Handy aus nach Hause telefonieren kann teuer werden – überprüfe deinen Vertrag. Wenn du dein Handy im Ausland nutzen möchtest, brauchst du Roaming. Oft sind SMS eine billigere Alternative.

Hast du vor dich regelmäßig von unterwegs zu melden, mach keine genauen Zeitangaben und rufe an verschiedenen Wochentagen an. Hast du eine Zeitangabe gemacht, und du schaffst es nicht dich zu melden, weil du seit 10 Stunden mit dem Bus im Schlamm fest-steckst, wird die Person, die deinen Anruf erwartet, sich Sorgen machen. Um dies zu verhindern, erkläre deinen Verwandten und Freunden, dass du dich meldest, wenn du Zeit hast, ohne eine ge-naue Zeitangabe zu machen.

Brief/Postkarte

Über Postkarten freut sich jeder Mensch. Deshalb sind sie trotz E-Mail, Telefon und SMS immer noch sehr beliebt, auch wenn es manchmal 3 Wochen dauert, ehe sie zu Hause ankommen. Post-karten bekommst du in allen Orten und Städten, die beliebt bei Tou-risten sind. Fast jedes Postamt verkauft außerdem Luftbriefe (Brief-papier, Briefumschlag und Briefmarke in einem). Das ist sehr prak-tisch und preiswert. Eine Garantie, dass dein Brief oder deine Post-karte zu Hause ankommt, gibt es nicht. Lass deine Karten und Briefe sofort im Postamt abstempeln, um zu verhindern, dass die Brief-marken wieder abgemacht und noch einmal verkauft werden.

Poste restante

Mit poste restante kannst du unterwegs Post empfangen. Der Ab-sender schickt den Brief an das Postamt der Stadt, wo du in der nächsten Zeit bist. Das Postamt behält den Brief dann kostenlos für eine bestimmte Zeit, bis du ihn abholst. Die meisten Postämter be-halten Briefe einige Monate. Der Absender sollte deinen Nachname unterstreichen und den Absender auf die Rückseite des Briefes schreiben, um Verwechslungen auszuschließen.

Bewusst reisen

Jedes Jahr machen sich Millionen Menschen auf die Suche nach dem „Paradies". Vor allem Backbacker sind auf der Suche nach unberührter Natur und kulturellen Besonderheiten. Ist ein neues Reiseziel erst einmal entdeckt, dauert es oft nicht lange, bis es für den Massentourismus erschlossen ist. Einerseits ist das gut, denn dadurch werden Arbeitsplätze in der Bevölkerung geschaffen, andererseits wird durch immer mehr Hotelanlagen die Natur zerstört und vom ursprünglichen „Paradies" bleibt nicht mehr viel übrig.

Bewusst reisen ist nicht immer einfach, aber du kannst dazu beitragen die Umwelt der von dir besuchten Regionen so wenig wie möglich zu schädigen, indem du diese Punkte befolgst:

Lerne die Sprache des Reiselandes
Ein paar Wörter und Sätze in der Landessprache machen Begegnungen mit den Einheimischen einfacher und interessanter.

Unterstütze Reiseveranstalter
Wähle Reiseveranstalter, die umweltschonende Aktivitäten anbieten und mit der einheimischen Bevölkerung zusammenarbeiten.

Bitte um Erlaubnis bevor du Menschen fotografierst
Fotografiere keine Menschen ohne deren Erlaubnis. Suche das Gespräch mit ihnen und frage, ob du ein Foto machen darfst. Oft werden dadurch die Bilder viel interessanter und du erfährst etwas über die Menschen im Bild. Wenn du eine Digitalkamera hast, kannst du das Bild sofort zeigen. Viele Menschen in Entwicklungsländern kennen keine Digitalkameras und sind fasziniert, sich auf dem Display zu sehen.

Nimm deinen Müll mit

Liegengelassener Müll schadet der Umwelt und kann Tiere verletzen.

Spare Wasser und Strom

Verzichte auf lange Duschen und benutze dein eigenes Handtuch. Bevor du dein Zimmer verlässt, schalte das Licht, die Klimaanlage und den Ventilator aus.

Respektiere die Kultur des Landes

In vielen Ländern werden schulterfreie Tops und kurze Hosen oder Röcke nicht gern gesehen. Achte auch in armen Ländern auf saubere Kleidung. Viele Einheimische müssen ihre Kleidung in Flüssen und mit der Hand waschen, trotzdem sind die meisten ordentlich und sauber gekleidet.

Kaufe keine verbotenen Souvenirs

Der Kauf bestimmter Souvenirs trägt zum Aussterben bedrohter Tier- und Pflanzenarten bei. Viele Reisende wissen das, machen bei sich jedoch oft eine Ausnahme. Die Summe dieser Ausnahmen bietet Geschäftemachern jedoch erst die Grundlage, diese Souvenirs zu verkaufen. Tabu sind: Raubtierfelle, Elfenbein, Elefantenhaar, Elefantenleder, Nashornprodukte, Tigerprodukte, ausgestopfte Tiere, Krokodilshaut, Schlangenhaut, Schildkröten, Schmetterlinge, Korallen, Muscheln, Pelze, Kakteen, Orchideen, Sukkulenten, Palm- und Baumfarne, etc. Illegale Souvenirs werden vom Zoll beschlagnahmt. Außerdem drohen hohe Geldstrafen.

Kaufe direkt vom Hersteller

Unterstützte die lokale Wirtschaft, indem du selbstgemachte Souvenirs von Einheimischen kaufst. Lokal hergestellte Lebensmittel sind nicht nur billiger als bekannte ausländische Marken, sie schmecken oft genauso gut wie bekannte Produkte.

Schone die Natur und schütze Tiere.
Biologisch abbaubare Seife belastet keine Flüsse und Seen. Das Berühren und Abbrechen von Korallen ist nicht erlaubt. Auch hier gilt es, für sich keine Ausnahme zu machen. Es dauert viele Jahre, bis sie nachwachsen.

Halte Abstand von Tieren. Sie können leicht unter Stress geraten, was sich negativ auf die Fortpflanzung und Fütterung des Nachwuchses auswirken kann.

Besuche keine Veranstaltungen, die das Leid der Tiere fördern (z.B. Hahnenkämpfe, Stierkämpfe, Delfinarien, etc.)

Gib keinen Kindern Geld
In den meisten Entwicklungsländern gibt es Menschen die betteln. Wenn du einem behinderten Bettler etwas Geld gibst, handelst du sicherlich nicht falsch. Gib Kindern und Jugendlichen jedoch kein Geld. Sie betteln, weil es lukrativer ist, als in die Schule zu gehen. Wenn du etwas Gutes tun willst, spende dein Geld einer Wohltätigkeitsorganisation, die in diesem Land tätig ist.

Handel einen fairen Preis aus
In vielen Ländern ist es üblich zu handeln. Beim Handeln geht es nicht darum den Preis möglichst niedrig zu bekommen, sondern um das Gespräch und den Kontakt mit Einheimischen. Das Ziel beim Handeln ist, einen Preis auszuhandeln, mit dem beide Parteien glücklich sind.

Countdown

3 Monate vor Abreise
- ☐ Ticket buchen (sofern noch nicht gebucht).
- ☐ Reisepass auf Gültigkeit überprüfen bzw. neu beantragen.
- ☐ Reisebudget erstellen.
- ☐ Über Einreisebestimmungen und Visa informieren.
- ☐ Reiseführer besorgen.
- ☐ Ausrüstung planen.
- ☐ Wohnung kündigen oder Zwischenmieter suchen.

2 Monate vor Abreise
- ☐ Gesundheits-Check beim Hausarzt.
- ☐ Vorsorgeuntersuchung beim Zahnarzt.
- ☐ Vorsorgeuntersuchung beim Frauenarzt.
- ☐ Untersuchung beim Augenarzt, Ersatzbrille bzw. Kontaktlinsenersatz bestellen.
- ☐ Impfberatung beim Tropenarzt.
- ☐ Impfprogramm beginnen.
- ☐ Reiseapotheke und Dauermedikation besorgen.
- ☐ Visa beantragen.
- ☐ Ausrüstung kaufen.
- ☐ Online-Banking beantragen.
- ☐ Internationalen Führerschein beantragen.
- ☐ Versicherungen vergleichen.

1 Monat vor Abreise
- ☐ Versicherungen abschließen.
- ☐ Ausländische Währung und Reiseschecks bestellen.
- ☐ Kredit- und Maestrokarten überprüfen. Sind alle bis zum Ende der Reise gültig?
- ☐ Kredit- und Maestrokarten beantragen.
- ☐ Fehlende Ausrüstung anschaffen und testen.
- ☐ Neue Schuhe einlaufen.
- ☐ Beantragte Papiere überprüfen.
- ☐ Kündigung auf Arbeit einreichen.

2 Wochen vor Abreise

- ☐ Nachsendeantrag bei der Post beantragen.
- ☐ Zeitung abbestellen.
- ☐ Schulden begleichen.
- ☐ Passfotos machen lassen (für Visa unterwegs).

1 Woche vor Abreise

- ☐ Infomappe für zu Hause zusammenstellen (alle Kopien, Telefonnummern, Reiseroute, usw).
- ☐ Sind alle Dokumente vollständig und korrekt?
- ☐ Ist die Ausrüstung vollständig und funktioniert?
- ☐ Liste und Fotos mit Inhalt von Rucksack machen (wichtig bei Versicherungsfall).
- ☐ Nummern von Reiseschecks, Kreditkarten, Reisepass, etc. notieren und in den Online-Travel-Safe stellen.
- ☐ Reisefürer und Karten eventuell kopieren oder verkleinern.
- ☐ Abschiedsparty

48 Stunden vor Abreise

- ☐ Rückbestätigung deines Fluges.
- ☐ Probepacken und Gepäck Probetragen.

Unmittelbar vor Abreise

- ☐ Abschied nehmen und unbesorgt abreisen.

Die ersten 48 stunden

- ☐ Schick Freunden und Verwandten eine E-Mail und sage, dass du gut angekommen bist.
- ☐ Entdecke die Stadt.
- ☐ Lern neue Leute kennen.
- ☐ Genieße die Zeit.

Informationen im Internet

Es gibt inzwischen mehr als 150 Millionen Webseiten, die sich mit dem Thema Reise beschäftigen. Hier sind ein paar Webseiten, die dir bei deiner Reiseplanung weiterhelfen können.

Allgemein

www.weltreise-portal.com
Die Website zum Buch. Hier werden alle offenen Fragen beantwortet.

www.itb-berlin.de
Die internationale Fachmesse für Reise und Touristik in Berlin findet jedes Jahr im März statt.

www.seatguru.com
Hier findest du den besten Sitzplatz im Flugzeug.

www.wetteronline.de
Weltweite Wettervorhersage, Klimadiagramme u.v.m.

www.weltzeit.de
Die aktuelle Zeit weltweit.

Reiseziele

www.lonelyplanet.de
Die Website von Lonely Planet, dem beliebtesten Reiseführer bei Backpackern. Hier findest du aktuelle Nachrichten, neuerschienene Bücher, Länderinfos und ein Forum.

www.derreisefuehrer.com
Nützliche Infos für fast jedes Land der Welt.

Reiseberichte

www.reiseberichte.com
www.pervan.de
www.reiseberichte-aus-aller-welt.de
Auf beiden Webseiten findest du Reiseberichte aus aller Welt.

Reiseplaner

www.staralliance.com
Interaktiver Routenplaner und Meilenrechner.

www.oneworld.com
Interactive Network Map der One World Alliance.

www.thegreatescapade.com
Interaktiver Routenplaner für das Great Escapade Ticket.

Ausrüstung

www.globetrotter.de
Populärer Reiseausstatter mit großem Angebot.

www.lauche-maas.de
Riesiger Online-Shop mit über 70 000 Artikeln.

www.tapire.de
Online-Shop des Outdoor-Spezialisten.

Gesundheit und Sicherheit

www.auswaertiges-amt.de
Aktuelle Länder- und Reiseinformationen, Reisewarnungen und Sicherheitshinweise.

www.fit-for-travel.de
Alles zum Thema Gesundheit auf Reisen.

www.myonlinesafe.com
Online-Safe für wichtige Dokumente.

Reiseversicherung

www.isa-office.de
Reiseversicherungspacket für Studenten, junge und junggebliebene Menschen.

www.statravel.de über Hanse Merkur
Günstiges Reiseversicherungspacket.

www.adac.de
Der ADAC bietet ein ADAC-Auslands-Krankenschutz-Langzeit-Packet an.

www.dkv.com
Von vielen Reisenden empfohlen.

Geld

www.americanexpress.com/germany
American Express Travellers Cheque Card

www.xe.com/ucc/de
Währungsrechner

www.atmlocator.info
Findet Bankautomaten überall auf der Welt.

Reisebüros

www.statravel.de
Der Marktführer im Bereich Jugend- und Studentenreisen.

www.explorer-fernreisen.de
Der Experte für Individualreisen.

www.travel-overland.de
Gute Beratung.

Working Holidays

www.germany.embassy.gov.au
Infos zum Working Holiday Visum für Australien.

www.nzembassy.com
Infos zum Working Holiday Visum für Neuseeland.

www.kanada-info.de
Infos zum Working Holiday Visum für Kanada.

www.de.ebm-japan.go.jp
Infos zum Working Holiday Visum für Japan.

www.us-botschaft.de
Infos zum Austauschbesuchervisum.

Organisationen

www.travelworks.de
Arbeits- und Reiseaufenthalte in verschiedenen Ländern der Welt.

www.stepin.de
Auslandspraktika, Arbeits- und Reiseaufenthalte weltweit.

Unterkunft

www.hostels.com
Mehr als 10000 Hostels können online gebucht werden.

www.hostelworld.com
Neben Hostels können auch Touren in vielen Ländern der Welt gebucht werden.

www.jugendherberge.de
Deutsches Jugendherbergswerk

Kommunikation

www.skype.com
Kostenlos telefonieren – weltweit.

www.blog.de
www.blogger.com
www.travelblog.org
Alle Drei bieten kostenlose Weblogs an. Travelblog.org ist ein Bloganbieter speziell für Reiseblogs.

Billigfluggesellschaften

www.lowcostairlines.org
www.thebigproject.co.uk/budget
Billigfluggesellschaften weltweit

Hop-On Hop-Off Busse

www.ozexperience.com
Oz Experience, Australien

www.kiwiexperience.com
Kiwi Experience, Neuseeland

www.magicbus.co.nz
Die Alternative zur Kiwiexperience in Neuseeland.

www.straytravel.com
Neuseeland Backpacker Bus.

www.feejeeexperience.com
Fiji Experience, Fidschi

www.bazbus.com
Baz Bus, Südafrika

www.moosenetwork.com
Moose Network, Kanada

www.pachamamabybus.com
Pachamama By Bus, Chile

Inter City Busse

www.greyhound.com
Amerikas größtes Intercity Bus Netzwerk.

www.greyhound.com.au
Großes Busunternehmen in Australien.

www.intercitycoach.co.nz
Verschiedene Pässe für die Reise durch Neuseeland.

Züge

www.seat61.com
Infos und Tipps rund ums Reisen mit dem Zug. Infos und Tipps für fast alle Länder der Welt.

www.transsib.de
Gute Infoseite zum Thema Transsibirische Eisenbahn.

Autos/Camper

www.travellers-autobarn.com
Mietwagen in Australien, speziell für Backpacker.

www.123-camper.com
Camper, 4WD, Autos, etc. in Australien und Neuseeland.

www.britz.com
Camper in Australien, Neuseeland und Südafrika.

www.mietwagen-brooker.de
Mietwagenpreisvergleich.

Frachtschiffe

www.seereisenportal.de
Große Liste mit Frachtschiffen.

Trampen

http://wikitravel.org/de/Trampen
Nützliche Infos und Tipps zum Thema Trampen.

Adventure Touren

www.trekamerica.com
Abenteurereisen in kleinen Gruppen in Nordamerika.

www.gapadventures.com
Kanadischer Reiseveranstalter mit einer Vielzahl an Abenteuerreisen
in Mittel- und Südamerika.

www.tucantravel.com
Adventure Touren in Südamerika.

www.viventura.com
Deutscher Veranstalter von Abenteuerreisen in Südamerika.

www.intrepid-travel.com
Adventure Touren in kleinen Gruppen in Asien.

www.imaginative-traveller.com
Adventure Touren in kleinen Gruppen weltweit.

www.adventuretours.com.au
Kurze und lange Abenteuerreisen in Australien.

www.connectionsadventures.com
Adventure Touren in Australien speziell für junge Leute.

www.chamaeleonreisen.de
Deuter Veranstalter für Reisen in kleinen Gruppen.

Overland-Safaris

www.acacia-africa.com
Overland-Reisen durch Afrika.

www.elefant-tours.de
Camping-Safaris in Afrika.

www.outbackafrica.de
Camping-Safaris in kleinen Gruppen in Afrika.

www.nomadtours.co.za
Südafrikanischer Veranstalter von Overland-Reisen durch Afrika.

Ideale Reisezeiten

Australien/Neuseeland

Australien (Outback)
Ideal: April bis September
Nicht ideal: Oktober bis März (sehr heiß)

Australien (Süden und südliche Ostküste)
Ideal: Oktober bis Mai
Nicht ideal: Juni bis August (regnerisch und kalt)

Australien (Nordküste und tropische Ostküste)
Ideal: April bis Oktober
Nicht ideal: November bis März
(Regenzeit und Boxjellyfish im Norden)

Australien (Westküste)
Ideal: Oktober bis April, Dezember bis Februar
Nicht ideal: Mai – August (kalt und regnerisch)

Neuseeland
Ideal: November bis April
Wanderzeiten: November, Februar und März
Nicht ideal: Mai bis September (kalt)

Ozeanien

Pazifische Inseln (Cook Inseln, Fidschi, Tahiti, Tonga, Samoa, Neukaledonien, Vanuatu, usw.)
Ideal: Mai bis Oktober (Hochsaison: Juli und August)
Nicht ideal: November bis April (bewölkt, schwül, Wirbelstürme)

Mikronesien
Ideal: November bis April
Nicht ideal: Mai bis Oktober

Südostasien

Thailand
Ideal: November bis März
Ostküste: Mai bis Oktober
Nicht ideal: Mai bis Oktober (Regenzeit)
Ostküste: November, Dezember (Regenzeit)
Nord- und Nordostthailand: April, Mai (sehr heiß)

Kambodscha
Ideal: November bis April
Nicht ideal: Mai bis Oktober (Regenzeit)

Laos
Ideal: Oktober bis April
Nicht ideal: Mai bis September (Regenzeit)

Vietnam
Ideal: Süden und Norden: November bis April
Zentrale Küste und Bergland: ganzjährig
Nicht ideal: Mai bis Oktober
(im Süden Monsun, im Norden feuchtheiß)

Myanmar
Ideal: Oktober bis März
Nicht ideal: April bis September (heiß, ab Juni Monsun)

Malaysia (Ostküste und Zentrum)
Ideal: März bis August
Nicht ideal: Oktober bis Februar (Regenzeit, heiß und schwül)

Malaysia (Westküste)
Ideal: Ganzjährig
Nicht ideal: Penang: Mai bis September (Regenzeit)
Südliche Westküste: April, Oktober (Regenzeit)

Malaysia (Sarawak und Sabah)
Ideal: März bis September, April bis Juli
Besteigung des Mt. Kinabalu: Februar bis April
Nicht ideal: November bis Februar (Regen)

Singapur
Ideal: Ganzjährig (tägliche Regenfälle, schwül)
Nicht ideal: Januar, November (sehr viel Regen)

Brunei
Ideal: März bis September, April bis Juli
Nicht ideal: November bis Februar (Regen)

Philippinen
Ideal: Dezember bis Mai
Nicht ideal: Juni bis November (Regenzeit, Wirbelstürme)

Indonesien
Ideal: April bis Oktober
Nicht ideal: November bis März (Monsun)
Java und Bali: Januar und Februar (Regen)
Westküste Sumatras: November und Dezember (Regen)

Zentral Asien und Russland

Russland und Sibirien
Ideal: Mai bis September
Transsibirische Eisenbahn (Hochsaison im Juli und August)
Nicht ideal: Oktober bis April (kühler, schöner Herbst, kalter Winter)
Transsibirische Eisenbahn (Wagen auf über 25°C geheizt)

Kirgistan und Usbekistan
Ideal: April bis Juni, September und Oktober
Trekking: Juli und August
Nicht ideal: November bis März (Schnee und Regen, sehr kalt)

Mongolei
Ideal: Mai bis Mitte Oktober; Gobi Wüste: August und September
Nicht ideal: November bis April (sehr kalt)

Ostasien

China (Westen)
Ideal: Mai, September und Oktober
Nicht ideal: November bis April (sehr kalt), Juni bis August (sehr heiß)

China (Zentral- und Südchina)
Ideal: Mai und Juni/September und Oktober
Nicht ideal: Juni bis August (sehr heiß), November bis April (sehr kalt)

Tibet
Ideal: Mai bis Oktober
Nicht ideal: November bis April (sehr kalt, staubige Winde im Frühling)

Hongkong
Ideal: Oktober bis April
Nicht ideal: Mai bis September (sehr schwül, Taifune möglich)

Taiwan
Ideal: April, Mai und September, Oktober
Nicht ideal: Winter (kühl), Sommer (heiß, viel Regen, Taifune möglich)

Südkorea
Ideal: April bis Juni, September bis Oktober; Wanderzeit: Oktober
Nicht ideal: November bis März (kalt), Juli und August (Regen, feuchtheiß)

Japan (Mitte und Süden)
Ideal: April und Mai, September bis November
Nicht ideal: Dezember bis März (kalt), Juni bis August (Regen, feuchtheiß)

Japan (Hokkaido)
Ideal: Februar, Mai bis Mitte September; Wanderzeit: Sommer
Skisaison: Februar
Nicht ideal: November bis März (kalt, starker Regen und Schneefall)

Indischer Subkontinent

Pakistan (Norden)
Ideal: März bis Mai, August bis Oktober
Trekking: September, Oktober
Kunjerab-Pass nach China offen: Mai bis Ende November
Nicht ideal: Juni, Juli (sehr heiß), November bis Februar (sehr kalt)

Pakistan (Süden)
Ideal: September bis März
Nicht ideal: April bis Mitte September (sehr heiß, ab Juli Monsun)

Nepal
Ideal: Oktober bis April; Trekking: Oktober bis Mitte April
Bergsteigen: April bis Juni (Einsetzen des Monsuns.)
Nicht ideal: Mai bis September (viel Regen, feuchtheiß)

Indien (Ladakh)
Ideal: Juni bis September
Nicht ideal: November bis Juni (verschneite Pässe, bis -40°C)

Kaschmir
Ideal: Mai bis Oktober
Nicht ideal: November bis April (Schnee)

Bhutan und Sikkim
Ideal: Februar bis April, Oktober bis November
Nicht ideal: Mai bis September (Regen)

Indien (Norden) und Bangladesch
Ideal: Oktober bis März; Trekking: April bis Juli
Nicht ideal: April bis September (Monsun, häufig
Überschwemmungen)

Südindien (Westküste)
Ideal: Oktober bis Februar
Nicht ideal: März bis September (Monsun)

Südindien (Ostküste)
Ideal: November bis April
Nicht ideal: Juni bis September (Monsun)

Sri Lanka
Ideal: Südwestküste: November bis März; Ostküste: Mai bis
September; Bergland: das ganze Jahr über gute Reisebedingungen
Nicht ideal: Südwestküste: Mai bis August (Monsun)
Ostküste: Dezember bis Februar (Monsun)

Malediven
Ideal: Dezember bis April; Tauchen: Dezember bis April
Nicht ideal: Juni bis Oktober (Regen und Wind)

Naher Osten

Ideal: September bis April
Nicht ideal: Juni bis August (sehr heiß)

Afrika

Nordafrika (Landesinnere und Sahara)
Ideal: März bis Juni (und September/Oktober in der Sahara)
Nicht ideal: Juli bis Februar (sehr heiß, Winter kalt)

Nordafrika (Küstengebiete)
Ideal: April bis Oktober
Nicht ideal: November bis März (kühl, regnerisch, stürmisch)

Ägypten
Ideal: September und Oktober
Nicht ideal: Juli bis Februar (sehr heiß/kalte Winter)

Kenia und Tansania
Ideal: Dezember bis März und Juli bis Oktober; Besteigung des
Kilimanjaro: Dezember bis März und Juli bis September
Tierbeobachtungen: Juli bis Oktober
Nicht ideal: März bis Mai (große Regenzeit) und November sowie
Dezember (kleine Regenzeit)

Westafrika
Ideal: November bis April
Nicht ideal: April bis Oktober (Regenzeit)

Namibia, Botswana und Simbabwe
Ideal: Mai bis September (gut für Safaris)
Nicht ideal: November bis April (sehr heiß und nass)

Südafrika
Ideal: Oktober bis April
Tierbeobachtungen: Mai bis September
Krüger Nationalpark: ganzjährig gute Bedingungen
Nicht ideal: Juli/August (kühl und nass)

Madagaskar, Mauritius, La Réunion und Seychellen
Ideal: April bis Oktober
Nicht ideal: November bis März (Regenzeit, Wirbelstürme)

Nordamerika

USA (Osten)
Ideal: Mai, Juni, September, Oktober (New York und Chicago)
Juni bis September (Neuengland Staaten)
November bis Mitte April (Florida und Südstaaten)
Nicht ideal: Juni bis August und November bis April (New York und Chicago)
November bis April (Neuengland Staaten) (kalt, Regen und Schnee)
Mai bis Oktober (Florida und Südstaaten) (schwül Hurrikansaison)

USA (Westen)
Ideal: Frühling bis Herbst
Nicht ideal: Juni bis Mitte September (sehr heiß)
Mitte Oktober bis März (im Norden kalt, regnerisch und stürmisch)

Hawaii
Ideal: März bis November
Beste Wellen fürs Surfen: Dezember bis April
Nicht ideal: Dezember bis Februar (hohe Preise, Nieselregen)

Alaska
Ideal: Juni bis September; Skifahren: Januar bis März
Nicht Ideal: Oktober bis Mai (Schnee, kalt, kurze Tage)

Kanada (Osten)
Ideal: Juni bis September
Nicht ideal: November bis März
(kühl, jedoch schöner Herbst, kalte Winter)

Kanada (Westen)
Ideal: Juni bis September; Skifahren: Januar bis März
Nicht ideal: Oktober bis Mai (Schnee, kalt, kurze Tage)

Mittelamerika/Karibik

Karibik
Ideal: Dezember bis Mai
Nicht ideal: August bis Oktober (Hurrikansaison)

Kuba
Ideal: Dezember bis Mai, Juli und August
Nicht ideal: August bis Oktober (Regenzeit, Hurrikansaison)

Mexiko und Guatemala
Ideal: Oktober bis April
Nicht ideal: Mai bis September (sehr heiß und schwül)

Belize, Honduras und Costa Rica
Ideal: Dezember bis April
Nicht ideal: Mai bis Oktober (Regenzeit)

Südamerika

Peru, Bolivien, Ecuador, Hochland
Ideal: Mai bis Oktober; ideale Wanderzeit: Mai bis August
Nicht ideal: November bis April (Peru) viel Regen (Inka Trail im
Februar geschlossen); November bis Mai (Ecuador) viel Regen

Urwaldregionen
Ideal: Mai bis September (Peru und Ecuador)
April bis Oktober (Bolivien)
Nicht Ideal: November bis April (Peru und Ecuador)
November bis März (Bolivien)

Küste
Ideal: Dezember bis April
Nicht ideal: Mai bis November (kühl und stark bewölkt)

Galapagosinseln
Ideal: Das ganze Jahr über angenehme Temperaturen.
April bis Dezember Trockenzeit
Dezember bis April Regenzeit

Brasilien (Rio de Janeiro und der Süden)
Ideal: September bis April
Nicht ideal: Mai bis August (kühl, keine Badesaison)

Brasilien (Nordosten)
Ideal: September bis Februar
Nicht ideal: April bis August (Regenzeit)

Brasilien (Amazonasbecken)
Ideal: Juli bis Oktober
Nicht ideal: November bis Juni (Regenzeit)

Argentinien
Ideal: Oktober bis April
Nicht ideal: Mai bis September (kühl und Regen)

Chile
Ideal: Oktober bis April
Nicht ideal: Mai bis September (kühl und Regen)

Patagonien/Feuerland
Ideal: Dezember bis Februar
Nicht Ideal: April bis Oktober (Feuchtkühl und Schnee)

Packliste

Diese Packliste ist für die ganze Welt. Streiche alles, was du nicht für deine Reise benötigst. Wenn du unterwegs nicht arbeiten möchtest, brauchst du z.b. keinen Lebenslauf und auch keine Arbeitszeugnisse einpacken.

Dokumente
- ☐ Reisepass
- ☐ Flugtickets
- ☐ Bus-/Zugtickets
- ☐ Versicherung
- ☐ Impfausweis
- ☐ Kopien wichtiger Dokumente
- ☐ Fotos für Visa
- ☐ Reiseschecks
- ☐ Bargeld
- ☐ Kreditkarten
- ☐ Portmonee
- ☐ Internationaler Führerschein
- ☐ Discountkarten (ISIC, VIP, YHA, ...)
- ☐ Andere Zertifikate und Lizenzen (Tauchschein, ...)

Schlafen und Gepäck
- ☐ Rucksack
- ☐ Tagesrucksack
- ☐ Schlafsack (bis 0°C)
- ☐ Inlett
- ☐ Moskitonetz
- ☐ Nackenkissen
- ☐ Schlafmatte
- ☐ Kleidung
- ☐ 7x Unterwäsche
- ☐ 4 BHs (mindestens einen Sport BH)

- ☐ 4 Paar Socken (Wandersocken)
- ☐ 1 Badehose oder Badeanzug/Bikini
- ☐ 1 langer Rock
- ☐ 1 Sarong
- ☐ 1 lange Hose
- ☐ 1 Zip-Off Hose
- ☐ 2 kurze Hosen/Röcke
- ☐ 2 T-Shirts
- ☐ 5 kurzärmelige Tops
- ☐ 2 langärmelige Tops
- ☐ 1 Fleece
- ☐ 1 Regenjacke
- ☐ 1 Flip Flops
- ☐ 1 Paar Trekking-Sandalen
- ☐ 1 Paar Wanderschuhe
- ☐ 1 Sonnenhut
- ☐ 1 Mütze
- ☐ 1 Schal
- ☐ 1 Handschuhe
- ☐ Funktionsunterwäsche

Gesundheit und Sicherheit

- ☐ Sonnenbrille
- ☐ Sonnencreme LSF 25
- ☐ Antiseptikum-Lotion
- ☐ Feuchtpflegetücher
- ☐ Reisehandtuch
- ☐ Mückenspray (30% DEET)
- ☐ Reiseapotheke
- ☐ Vorhängeschlösser
- ☐ Geldgürtel
- ☐ Wasserflasche
- ☐ Faltflasche mit Trinkschlauch
- ☐ Tabletten zur Wasserentkeimung
- ☐ Sicherheitsnadeln
- ☐ Kompass

- ☐ Handalarm
- ☐ Pille
- ☐ Kondome
- ☐ Taschentücher
- ☐ Toilettenpapier
- ☐ Wanderstöcke
- ☐ Waschtasche
- ☐ Duschgel
- ☐ Ohrenstäbchen
- ☐ Zahnbürste
- ☐ Zahnbürsten-Schutzkappe
- ☐ Zahnpasta
- ☐ Zahnseide
- ☐ Rasierer
- ☐ Rasierschaum
- ☐ Tampons/Binden
- ☐ Kamm oder Bürste
- ☐ Lippenpflegestift
- ☐ Ohrenstöpsel
- ☐ Kleine Bürste
- ☐ Deo
- ☐ Nagelclip
- ☐ Nagelschere
- ☐ Nagelfeile
- ☐ Kleiner Handspiegel

Sonstiges

- ☐ Reisewecker
- ☐ Armbanduhr mit Alarmfunktion und Datumsanzeige
- ☐ Handy
- ☐ Taschenrechner
- ☐ Reiseführer
- ☐ Landkarte
- ☐ Bücher
- ☐ Spiele (Uno, ...)
- ☐ Stifte

- ☐ Tagebuch
- ☐ Adressbuch
- ☐ Notizblock
- ☐ Fernglas
- ☐ Mp 3 Player
- ☐ Kamera (digital)
- ☐ Speicherkarte
- ☐ Film (falls nicht digital)
- ☐ Lade-Akkus
- ☐ Reisestecker
- ☐ Taschenmesser
- ☐ Nähzeug
- ☐ Taschenlampe als Schlüsselanhänger
- ☐ Stirnlampe
- ☐ Batterien
- ☐ Ducktape
- ☐ Waschbecken-Stöpsel
- ☐ Wäscheleine
- ☐ Messer, Gabel, Löffel
- ☐ Regenschirm (Knirps)
- ☐ Brille
- ☐ Ersatzbrille
- ☐ Brillenetui
- ☐ Kontaktlinsen
- ☐ Kontaktlinsen-Pflegemittel
- ☐ Lebenslauf
- ☐ Arbeitszeugnisse

Index